荣誉顾问团

HONORARY ADVISORY BOARD

按公司英文名字母顺序排列 In Alphabetical Order of English Company Name

目录 CONTENTS

2024 中国饭店业务统计
CHINA HOTEL INDUSTRY STUDY

2023 财政年度　FINANCIAL YEAR 2023

中 国 旅 游 饭 店 业 协 会
China Tourist Hotel Association

浩 华 管 理 顾 问 公 司
Horwath HTL

主　　编　　李　峰
副 主 编　　辛　涛　戴雪英
执行副主编　　李芝惠　刘桂彤　骆　璿
数 据 汇 总　　程　鸣

Editor in Chief　Mr. Li Feng
Executive Editors　Ms. Xin Tao
Ms. Dai Xueying
Associate Editors　Ms. Li Zhihui
Ms. Liu Guitong
Ms. Luo Xuan
Data Administration　Mr. Cheng Ming

中国旅游出版社
China Travel & Tourism Press

前言 - FOREWORD

李峰 会长
中国旅游饭店业协会
Li Feng, Chairman
China Tourist Hotel Association

乘着习近平总书记对旅游工作作出重要指示和全国旅游发展大会召开的春风，我们满怀期待，迎来《2024 中国饭店业务统计》的发布，透过数据回顾过去，展望未来。

2023 年是酒店行业的全面复苏之年。在行业同仁的辛勤付出与不懈努力下，历经新冠疫情三年的艰难和低迷，行业终于迎来了期盼已久的曙光，市场需求迅速回升，酒店业绩实现全面复苏。在此，我谨代表协会感谢各大酒店管理集团和参与问卷回复的 1,525 家酒店的鼎力支持与协助。你们的开放和担当，让社会各界看到了复苏后的中国酒店业展现出的生机与活力！

2023 年，酒店行业如同凤凰涅槃，重获新生。酒店市场各项关键业绩指标不仅在“量”上实现了恢复，在“质”上也超越了疫情前的水平。与 2019 年相比，各层级酒店市场的平均房价水平均有显著提升，特别是度假休闲市场展现出令人瞩目的增长势头。这一年，全国各地的文旅活动如火如荼，一系列爆火出圈的网红明星城市和层出不穷的创新消费场景，为行业发展持续添加新动能。

然而，在庆祝 2023 年行业所取得的辉煌成绩之时，我们亦须清醒地认识到，前方的道路并非坦途。市场环境中的不确定性与下行压力依旧存在，酒店亟须通过产品创新激发新的消费场景，以应对新消费需求趋势。酒店传统运营模式正在面临挑战，数字化驱动下的组织架构变革和人才能力重塑迫在眉睫。以创新为主导的新质生产力的培育与释放，是推动酒店行业在新周期下实现高质量发展飞跃的核心驱动力。

新时代酒店业作为美好生活方式的塑造者与传播者，承载着人们对更高生活品质的向往与追求，使命光荣，任重道远。2024 年将是酒店行业在挑战中寻求突破、在变革中谋求发展的关键一年。站在新的历史起点，我们应秉持勇于探索、持续创新的精神，推动酒店业向更高水平发展和更深层次转型迈进！

Guided by President Xi Jinping's pivotal directives on tourism and the convening of National Tourism Development Conference, we are enthused to release the “China Hotel Industry Study”, reviewing the past and looking forward to the future through the data.

2023 marked a year of comprehensive recovery for the hotel industry. After three years of hardship and downturn due to the COVID-19 pandemic, the industry has finally witnessed a long-anticipated resurgence. The market demand has quickly rebounded, the hotel performance has achieved a full recovery. I extend heartfelt gratitude on behalf of the hotel management groups and the 1,525 hotels that participated in our survey for their full support and assistance. Your openness and commitment have showcased the vitality of China's hotel industry after the recovery!

In 2023, like a phoenix rising from the ashes, the hotel industry was revitalized. Not only did we see a quantitative recovery in key performance metrics, but the quality of service and performance also surpassed pre-pandemic levels. Average daily rates across various hotel tiers increased notably compared to 2019, especially within the leisure segment, which demonstrated remarkable growth. Throughout this year, cultural and tourism activities nationwide have been flourishing with trending tourist destinations and innovative consumer experiences injecting continuous new momentum into the industry's development.

However, while celebrating the remarkable achievements of 2023, we must also soberly recognize the challenges that lie ahead. The market still faces uncertainties and pressures. There is an urgent need for hotels to innovate and create new consumer experiences to meet emerging trends. The traditional operation mode of hotels is facing challenges. The digitalization revolution of organizational structure and reshaping of talent capacity are imminent. The cultivation and release of new quality productivity led by innovation is the core driving force to promote the hotel industry to realize high-quality development leap in the new cycle.

As shapers and disseminators of refined lifestyles in this new era, the hotel industry is tasked with a noble mission to embody people's aspirations and pursuit of a higher quality of life. The year 2024 will be critical for the industry to seek breakthroughs in front of challenges and to strive for development through transformation. Standing at a new historical starting point, we must embrace a spirit of bold exploration and continual innovation, driving the hotel industry towards higher levels of development and deeper transformation!

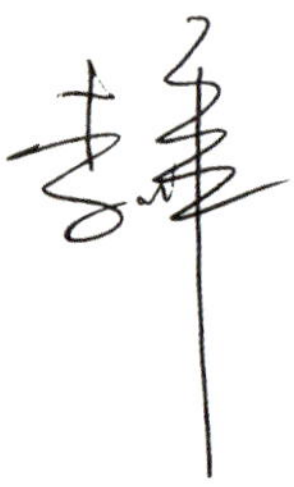

前言 - FOREWORD

戴雪英 执行董事 I 大中华区总经理
浩华管理顾问公司
Julie Dai, Executive Director I General Manager, Greater China
Horwath HTL

很荣幸再次为酒店业界同仁奉上全新一期的《2024 中国饭店业务统计》。2023 年的中国酒店业一扫以往三年的阴霾与低迷，递交了一份成绩斐然、令人振奋的市场答卷。

2023 年，被压抑的市场各类需求得以集中释放，特别是休闲度假需求强势复苏，极大地提振了酒店客房业绩表现，并实现了对 2019 年平均房价水平的超越。这一年里，私人消费市场潜力进一步被激活，具备稀缺性资源的优质产品持续得到市场正向反馈，实现了更高的溢价水平，房价天花板被不断突破。2023 年平均房价超过 1,000 元的酒店数量，与 2019 年相比增加近七成，其所代表的酒店市场是全国各定位档次中业绩增长最显著的市场，成为引领行业发展的关键力量。

尽管整体市场客房业绩表现优异，但会议及餐饮相关需求仍在恢复中，与 2019 年相比仍有明显差距。一方面，受宏观环境及市场下行压力影响，商务及相关会议需求恢复尚需时日。另一方面，传统的会议需求和餐饮消费习惯正在发生变化，传统全服务酒店的产品模型也亟待改变。传统全服务酒店可以通过“升维”，突破传统酒店业态边界，从运营空间到运营消费者；也可以通过“降维”，剥离低效闲置空间，聚焦客房运营。在对抗市场下行态势、应对消费趋势转变之时，安于现状、故步自封终究难逃市场的淘汰。唯有主动出击，求新求变，才能成为新时代下的佼佼者。

最后，我谨代表浩华管理顾问公司，衷心感谢中国旅游饭店业协会给予本书的一贯信任和支持！也再次感谢荣誉顾问团成员以及参与研究调查的 1,525 家酒店给予本书的鼎力支持，期待与各位业界同仁携手并进，迈向行业高质量发展转型的新征程！

It is an honor to present the latest issue of the “China Hotel Industry Study” to our industry friends once again. China's hotel industry in 2023 has swept away the gloom and slump of the past three years and delivered a remarkable and encouraging market performance.

In 2023, various pent-up market demands were unleashed, particularly the strong recovery of leisure demand, which significantly enhanced hotel room performance and surpassed the average room rate level of 2019. Throughout this year, the potential of the individual leisure market was further activated, and high-quality properties with scarce resources continuously received positive feedback from the market, realizing higher premium levels and breaking through the room rate ceiling. In 2023, the number of hotels with an average room rate exceeding 1,000 RMB increased by nearly 70% compared to 2019. These hotels represent the market segment with the most significant growth across all market tiers, becoming a key driving force for industry development.

Despite the exceptional performance of rooms, F&B and banquet related demand is still in the stage of recovering with a significant gap compared to 2019. On one hand, it will take time for business and related corporate meeting demand to recover due to the macro market downturn pressure. On the other hand, traditional meeting demand and F&B consumption habits are changing, and the product model of traditional full-service hotels is in dire need of change. Traditional full-service hotels can break the boundaries by “upgrading”, from space-oriented operation to consumer-oriented operation, or by “downgrading”, divesting inefficient idle spaces and focusing on room operations. In the face of market downturns and changing consumption trends, staying complacent and being stagnant will ultimately be eliminated by the market. Only by proactively seeking innovation and taking the initiatives can one stand out in the new era.

Finally, on behalf of Horwath HTL, I would like to express my sincere gratitude to the China Tourist Hotel Association for its consistent trust and support for this publication! I would also like to extend my gratitude to the members of the Honorary Advisory Board and the 1,525 participating hotels for their great support of this year's publication. We look forward to joining hands with industry friends to embark on a new journey of high-quality development and transformation for the industry!

Commentary 2023

The hotel industry experienced a comprehensive recovery in 2023. Market performance rebounded rapidly, with some key indicators even surpassing 2019 levels. On the revenue side, room revenue grew rapidly in 2023, with ADR across all market tiers exceeding those of 2019. However, F&B and banquet revenues still lagged behind pre-pandemic levels. On the cost side, after enduring three years of struggling for self-rescue, hotels have significantly improved their cost control capabilities, particularly in terms of labor management. As a result, overall operating revenues and profits in 2023 have not yet reached 2019 levels due to the impact of F&B and banquet. However, the gross profit rate had fully recovered to the pre-pandemic levels.

Despite the recovery in market performance in 2023, the market for hotels in different location types, star ratings, and room rate levels shows different performance volatility.

- By Location Type: Destination resort hotels continued to lead the market, demonstrating a dominant position with a RevPAR increase of over 40% compared to 2019. In urban markets, cities with strong leisure qualities such as Chengdu, Changsha, and Hangzhou significantly outperformed 2019 levels, while business-driven types of the urban markets had not yet fully recovered to pre-pandemic levels, highlighting the importance of leisure travel demand in the market recovery in 2023.

- By Star Rating: Compared to 2019, room revenue levels across all tiers had increased, driven by higher room rates. The overall revenue and profit of four- and five-star hotels, primarily full-service ones, were still below pre-pandemic levels due to the slow recovery of F&B and banquet demand. Conversely, three-star hotels and limited-service hotels have surpassed 2019 levels in terms of revenue and profit, with gross profit rate rising by 8% compared to pre-pandemic levels. Thus, the market performance in 2023 was largely driven by room revenue, while F&B and banquet demand were key factors constraining income and profit.

- By Room Rate Level: Hotels with an ADR above 1,000 RMB saw the most significant growth compared to pre-pandemic levels, particularly reflected in an increase of more than 6% in ADR. However, hotels with ADR below 700 RMB experienced slower recovery and had not yet returned to 2019 levels. This indicates that the demand recovery in 2023 was primarily driven by luxury private consumptions, showcasing the strong willingness and purchasing power in China's high-end consumer market.

Part Ⅰ: Demand Trends—Demand for Leisure Remains Strong and Vibrant

The Flourish of Leisure Destination Markets

As the year of recovery, 2023 witnessed a substantial rebound in all market demands. However, compared to business and conference needs, leisure and vacation demands recovered

2023年概要

2023年酒店行业迎来了全面复苏，市场业绩迅速反弹，甚至部分关键指标实现了对2019年水平的超越。从收入端来看，2023年客房收入增长迅猛，各层级市场酒店的平均房价水平全面超越了2019年，而餐饮及会议收入较疫情前仍有一定差距。从成本端来看，经历三年困境中的艰难自救之后，酒店的成本管控能力显著提升，特别是在人力管控方面效果明显。因此，受餐饮及会议收入影响，2023年整体市场经营收入和利润尚未达到2019年的水平，但是经营利润率已完全恢复到疫情前水平。

尽管2023年市场业绩呈现复苏态势，但是不同地点类型、不同定位层级以及不同房价水平的酒店市场呈现出不同的业绩波动态势。

- 从地点类型上看，目的地度假酒店仍然占据领头羊地位，展现出一骑绝尘的优势地位，与2019年相比，平均每间房收益增幅超过40%。而在城市市场中，以成都、长沙、杭州为代表的具备强休闲气质城市同样实现了业绩水平对2019年的显著超越，而以商务需求为主导的城市市场则尚未完全恢复到疫情前水平。由此可见，休闲度假需求是推动2023年市场复苏的核心驱动力。

- 从定位星级上看，相比2019年，各星级酒店的客房收益水平在房价增长驱动下均有所提升。受到餐饮及会议需求恢复缓慢因素的影响，以全服务为主的四、五星级酒店的整体收入及利润仍不及疫情前。而以有限服务为主的三星级酒店则在收入和利润上明显超越2019年，利润率较疫情前上升8个百分点。因此，2023年的市场业绩主要得益于客房收益，而餐饮及会议收入是制约收入和利润的关键因素。

- 从房价水平上看，平均房价在1,000元以上的酒店业绩较疫情前增长最为显著，尤其是在平均房价上增长超过6%。而平均房价在700元以下的酒店业绩恢复较为缓慢，尚未完全恢复至2019年水平。这表明2023年的需求回暖主要受到私人高端消费驱动，中国高端消费市场展现出强大消费意愿和支付能力。

第一部分　需求篇：度假休闲需求持续释放活力

度假目的地市场绽放异彩

2023年，作为复苏之年，各类市场需求均呈现出显著反弹态势。但是，相比商务和会议需求，度假休闲需求恢复明显更

much faster with greater vitality. Based on the RevPAR in five-star hotels across different market tiers, the leisure destination markets experienced the most significant growth in 2023, with an increase exceeding 40% compared to pre-pandemic levels. Driven by cities with a strong vacation quality, the performance in second and third-tier city markets has also improved. However, hotels in first-tier cities with a more diversified demand structure have not yet fully recovered their performance compared to 2019, primarily due to the slower recovery in corporate and conference demands.

快，活力更强。从不同类型市场的五星级酒店的平均每间房收益来看，与疫情前相比，2023年目的地度假市场酒店的业绩增长最为显著，增幅超过40%。在强度假休闲气质的城市的带动下，二线和三线城市市场业绩也有所提升。但是，需求结构更为多元的一线城市酒店与2019年相比，业绩尚未完全恢复，商务及会议需求恢复相对滞后是主要原因。

Exhibit 1: 5-Star Hotels RevPAR Comparison, by City Tier and Tourism Destination, 2019/2023

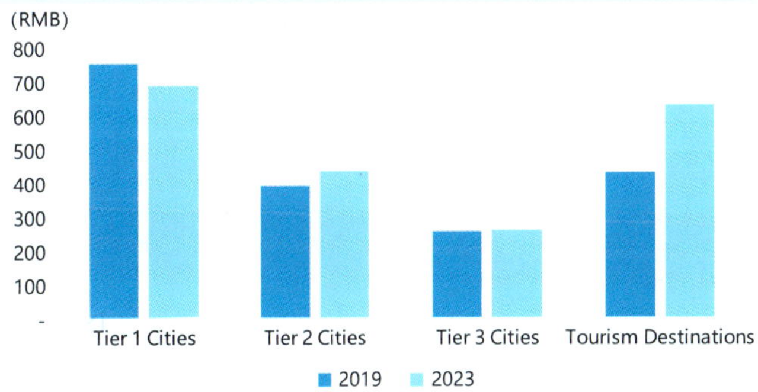

图 1：2019年与2023年五星级酒店平均每间房收益对比

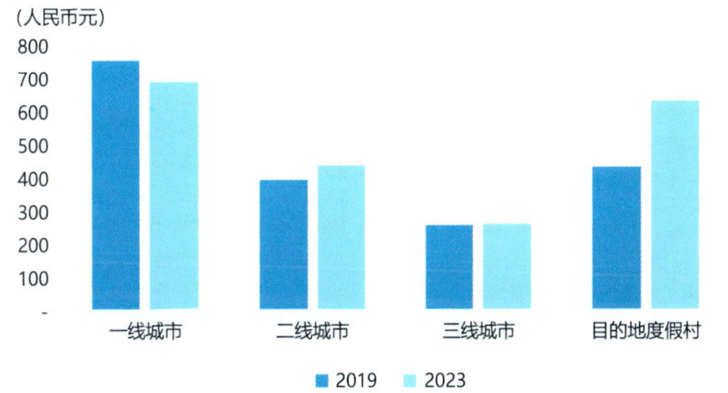

In the leisure market, the potential for private high-end consumption has been further developed, showing a robust growth trend. In 2023, compared to other pricing levels, hotels with an ADR over 1,000 RMB showed the most significant recovery and growth in performance, with ADR being pushed higher and the market's price ceiling being constantly breached. Premium hotel products, relying on their excellent locations, unique design styles, and local lifestyle offerings, have gained market recognition and preference. This advantage allows them to take effective pricing strategies and receive consistent positive feedback. The China's high-end private consumption has been continuously activated, and the market is holding a great potential in the future.

在度假休闲市场，私人高端消费的潜力进一步被挖掘，展现出蓬勃发展态势。2023年，相比其他定价档次的酒店，平均房价1,000元以上酒店市场业绩恢复及增长最为显著，平均房价再一次被拉升，市场房价天花板被不断突破。优质的酒店产品依托卓越的地理位置、独特的设计风格以及地域性的生活方式打造，在获得市场认可和青睐的同时，更能在定价策略上占据优势，从而获得持续的价值反馈。中国高端私人消费正在被持续激活，未来市场大有可为。

Exhibit 2: Market Performance Comparison, Hotels with ADR Above 1,000 RMB, 2019/ 2023

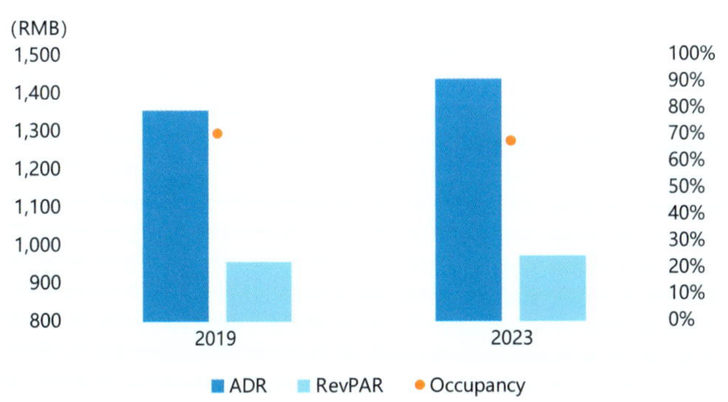

图 2：2019年与2023年平均房价超过1,000元的酒店市场业绩表现

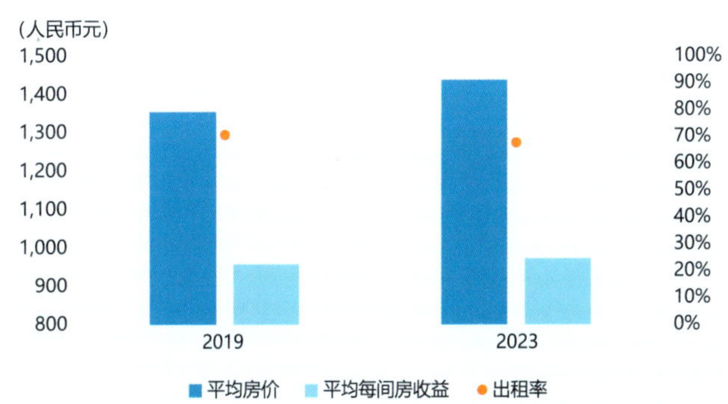

Significant Changes in the Main Consumer Group and Booking Channels

For a long time, China's five-star hotel market presents a market demand composition dominated by business travellers, and it can be said that "those who win the business market win the world". However, this market structure is gradually being disrupted. Comparing the market demand structure between 2013 and 2023, leisure travelers are steadily replacing business travelers as the main customer segment, increasing from 21% to 41%. Compared to the traditional business market, individual travelers have greater purchasing power and offer more significant premium potential. Therefore, they are not only the largest contributors in terms of "volume" for five-star hotels but also the core driving force for increasing room rates in terms of "quality". As the proportion of individual leisure travelers continues to increase, this customer segment will become increasingly diverse, leading to new demands for hotel products and services. Future hotel strategies will focus on refining products and innovating services to meet the needs of these specific customer segments.

Exhibit 3: Guest Profile Comparison, 5-Star Hotels, 2013/2023

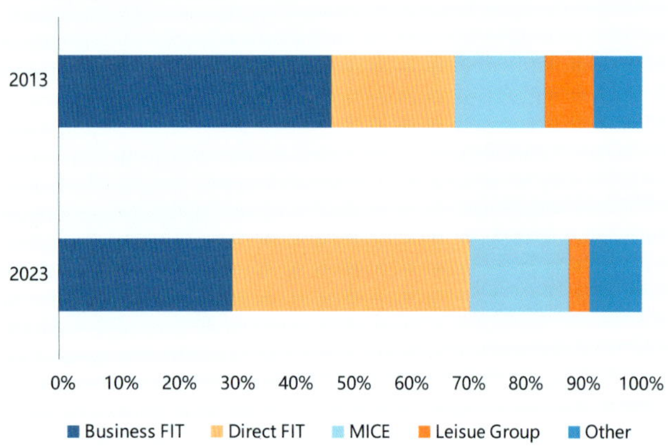

With the evolution of guest segmentations and the growth of online channels, the booking channels for China's five-star hotels have shown a diversified trend. On the one hand, hotel corporate account bookings still hold the top position, but a declining trend is evident, mainly due to the slowing growth in demand from high-end business travelers. International reservation have also been impacted by the sluggish business market. On the other hand, as the demand from individual leisure travelers continues to rise, direct bookings through OTA have become one of the most critical channels. Although bookings via hotel social media currently account for less than 3% of total reservations, they are becoming an important channels for marketing and reservations. This is particularly true in leisure destination markets, where social media bookings often exceed 5%. Additionally, it is notable that the proportion of online and offline bookings through hotel management companies (HMC) has shown significant growth. This trend correlates with hotel operators' ongoing efforts to enhance platform development and membership operations in recent years.

消费主体和订房渠道变化显著

长久以来，中国五星级酒店市场呈现出以商务客源为主导的市场需求构成，可以说“得商务者得天下”，但这一市场格局正在逐步被打破。对比2013年与2023年的市场需求结构可以看出，以旅游休闲为主要目的的一般散客正在逐步代替商务散客成为主力客源，占比从21%提升到41%。相比传统商务市场，一般散客更具支付力，溢价空间也更为显著，因此，不仅是在“量”上成为五星级酒店的最大贡献者，更是在“质”上成为拉动房价增长的核心驱动力。伴随一般散客比重的持续上升，散客客群也将逐步细分，这也对酒店的产品和服务提出新的要求。未来酒店散客市场针对细分客群的产品优化和服务创新将会是重点。

图 3：2013年与2023年五星级酒店市场客源结构对比

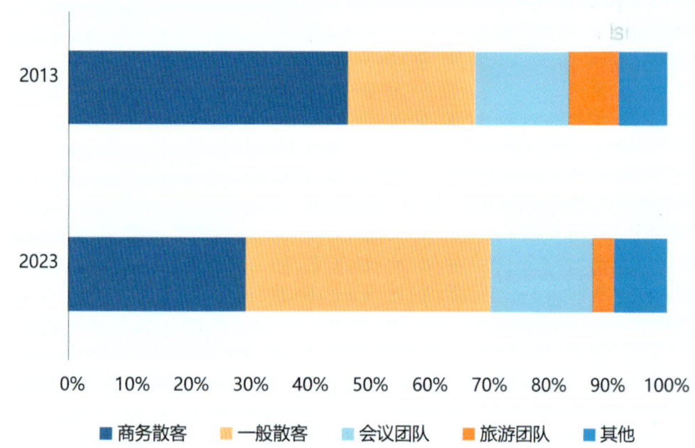

伴随客源结构变化以及线上渠道发展，中国五星级酒店市场客房预订渠道也呈现多元化发展趋势。酒店协议客户预订仍占据首位，但下降趋势凸显，这主要是受到高端商务客群需求增速趋缓的影响。国际订房系统的预订也同样受到商务市场疲软的影响。另一方面，随着一般散客需求的持续增长，OTA直连成为最重要的预订渠道之一。尽管通过酒店社交媒体的预订占比目前不足3%，但其正在成为酒店预订和营销的重要窗口，特别是在度假目的地市场，其占比通常在5%以上。另外值得注意的是，酒店管理公司线上和线下渠道预订占比呈现出显著的增长态势，这与各大管理公司近些年来持续强化平台搭建和会员运营相关。

Exhibit 4: Source of Booking Channels, 5-Star Hotels, 2023

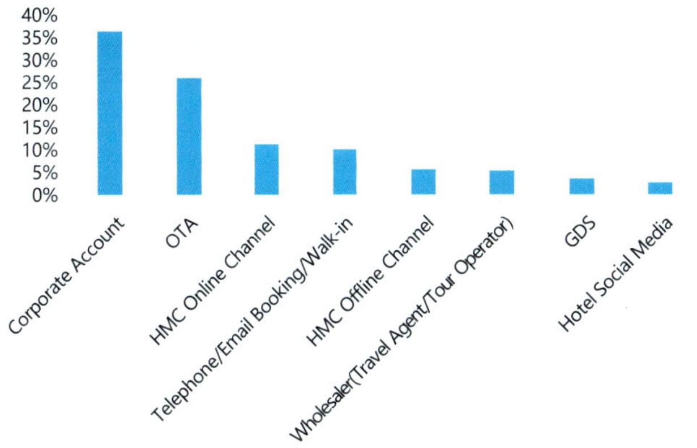

Recovery of F&B and Banquet Demand Will Take Time

Driven by the surge in leisure and vacation demand, national hotel room revenue has seen significant growth, yet the F&B sector has not yet returned to pre-pandemic levels. In 2023, revenue from F&B in national five-star hotels recovered to only 88% of the levels seen in 2019, mainly due to the slow recovery of business-related dining and conference demands. On the one hand, the rise of online conference tools during the three-year pandemic has transformed traditional offline business meetings and social events. On the other hand, the increased economic pressures have led companies to reduce travel and conference budgets, thus the full recovery of F&B and banquet demand will still take some time. It is worth noting that, aside from the epidemic factor, the revenue per available room from F&B in full-service hotels has been lackluster over the past decade, particularly for traditional four-star hotels, indicating that F&B has become a burden for many full-service hotels, making product transformation imminent.

Exhibit 5: F&B Revenue PAR Comparison, by Star Rating, 2013–2023

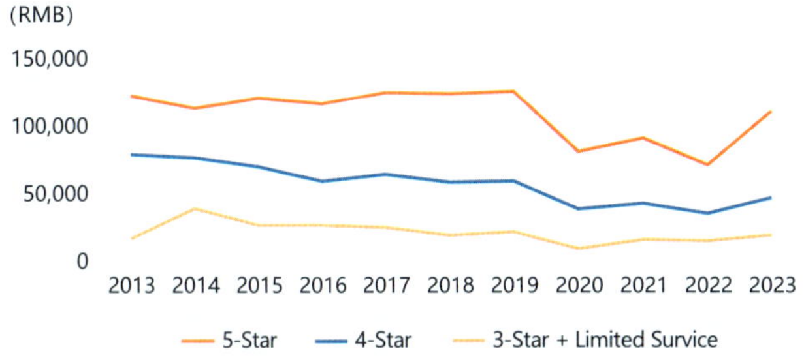

In 2023, due to the incomplete recovery of hotel F&B and banquet demands, the overall revenue levels of full-service hotels have not returned to those of 2019. Compared to 2019, total revenue in five-star hotels decreased by 3%, and in four-star hotels, it fell by 5%. However, three-star and limited-service hotels saw significant growth in room performance.

图 4：2023年五星级酒店市场订房渠道占比

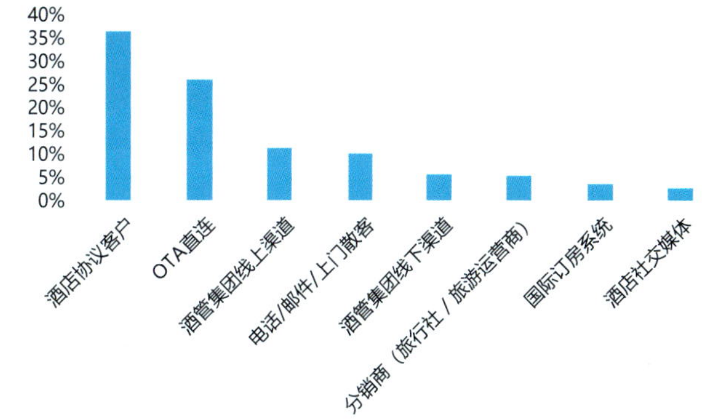

餐饮及会议复苏尚需时日

在度假休闲需求驱动之下，全国酒店市场客房收入增长显著，但是餐饮市场仍未恢复到疫情前水平。2023年全国五星级酒店餐饮收入仅恢复到2019年的88%，这主要与商务相关的会议及餐饮需求恢复缓慢有关。一方面，三年疫情期间，线上会议工具的兴起，使传统的线下商务会议及社交活动发生变化；另一方面，市场经济下行压力加大，企业削减差旅及会议预算趋势明显，因此餐饮及会议的全面复苏仍尚需时日。值得注意的是，即使抛开疫情因素，中国全服务酒店的每间可供房餐饮收入在过去10年均处于增长乏力的状态，特别是传统四星级酒店的餐饮收入下行态势凸显，这意味着餐饮已然成为众多全服务酒店的运营负担，产品转型迫在眉睫。

图 5：2013年至2023年各定位层级酒店市场每间可供房餐饮收入

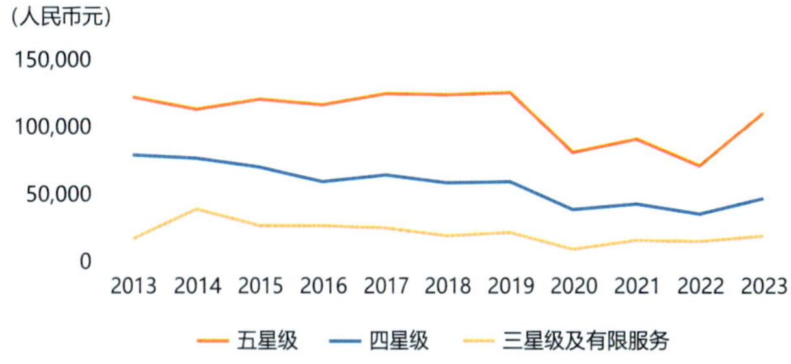

2023年，由于酒店餐饮及相关会议需求尚未完全恢复，因此全服务酒店的整体收入水平也未能回归到2019年。与2019年相比，2023年五星级酒店总收入下降3%，四星级酒店总收入下降5%。而三星级及有限服务酒店则在客房业绩的拉动之下，实现了显著增长。

Exhibit 6: Total Revenue Per Available Room Comparison, by Star Rating, 2019/2023

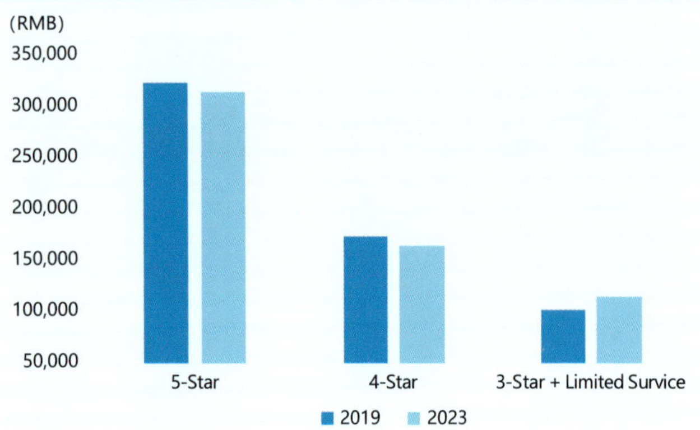

Part Ⅱ: Operations—Redefining Efficiency with the 'Three Efficiency' Indicators

Labor Efficiency: Reassessing the Value of Human Resources

Although hotel performance showed noticeable improvement in 2023, the staff per room ratio indicator remains low. Excluding the pandemic years, the staff per room ratio in five-star hotels has dropped to a historic low of 0.96. On the one hand, after pandemic controls were lifted, many hotel positions remained vacant, making recruitment challenging in the short term. On the other hand, with a focus on cost reduction and efficiency, hotels continued to implement strict controls on staffing and payrolls in 2023, resulting in a downward trend in the staff per room ratio across all hotel tiers. To optimize human resources, many hotels have increasingly adopted outsourcing contract models to reduce the number of permanent staff. Additionally, optimizing personnel structures by reducing staffing in administrative, IT, marketing, and middle management positions is also becoming a significant trend.

Exhibit 7: Staff Per Room, by Star Rating, 2013-2023

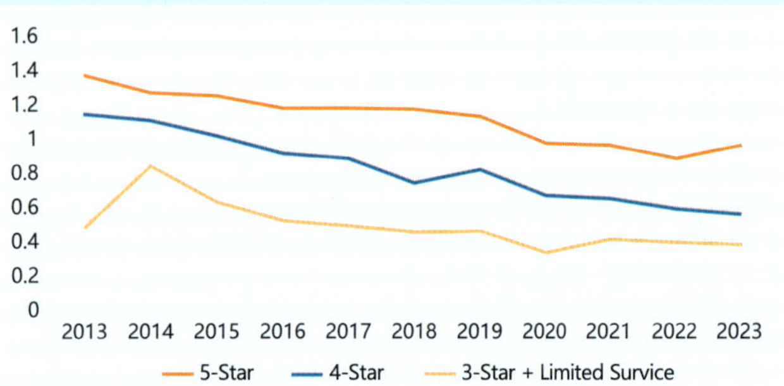

However, it's important to note that the staff per room ratio is just one dimension of measuring labor efficiency. For hotels, especially full-service ones, indiscriminately cutting staff numbers can negatively impact service quality, ultimately harming revenue and damaging the brand image. Therefore, besides the staff per room ratio, the industry needs to focus more on revenue and profit, using revenue and profit

图 6：2019年与2023年各定位层级酒店市场每间可供出租客房总收入对比

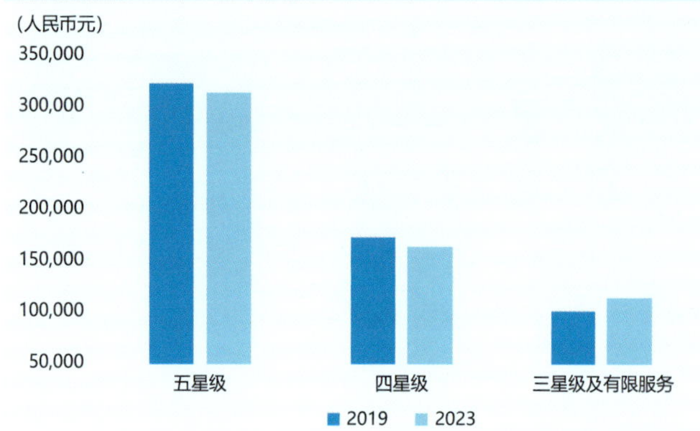

第二部分　运营篇："三效"指标重新定义效率

"人效"重新审视人的价值

2023年虽然酒店业绩明显回暖，但人房比指标仍然处于低位。抛开疫情特殊年份，五星级酒店人房比0.96已降至历史最低点。一方面，疫情管控放开初期，酒店的部分职位仍处于空缺状态，短时间内岗位招聘存在困难；另一方面，出于降本增效的考虑，各酒店2023年在用工编制和工资总额上依旧延续严格的管控措施，因此各层级酒店的人房比指标均处于下降趋势。在优化人力配置方面，众多酒店业者已广泛采纳外包合同模式，以缩减固定编制人数。同时，我们也发现，在人员结构优化方面，压缩中后台部门如行政、IT、营销等部门人员编制以及中层管理岗位正在成为一个显著趋势。

图 7：2013年至2023年各定位层级酒店市场平均每间房均摊员工人数

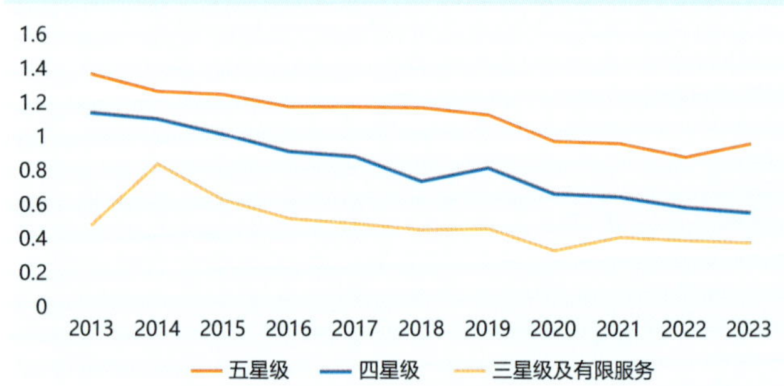

但是值得注意的是，人房比指标仅是衡量用工效率的一个维度。对于酒店，特别是就全服务酒店而言，一味地压缩员工数量，会影响酒店的服务品质，最终会对酒店收入和品牌形象造成损伤。因此，除了人房比之外，行业更需要关注酒店收入和利润指标，以人均创收和人均创利为标尺衡量人效。2023年，各层

per employee as indicators to measure labor efficiency. In 2023, the gap in revenue per employee across different hotel tiers is continuing to narrow, and in terms of profit per employee, three-star and limited-service hotels significantly outperformed four-star and five-star hotels. This highlights that for full-service hotels, passively reducing staff numbers is insufficient to address current issues. Instead, unlocking the 'human' potential to maximize hotel revenue and profit is the key. Therefore, in the new development cycle, the value of 'people' needs to be reexamined. Hotels no longer need staff for mechanized tasks but require individuals who can create content and deliver emotional value, thereby driving emotional premiums and profit growth.

Exhibit 8: Annual Revenue and Profit Per Employee, by Star Rating, 2023

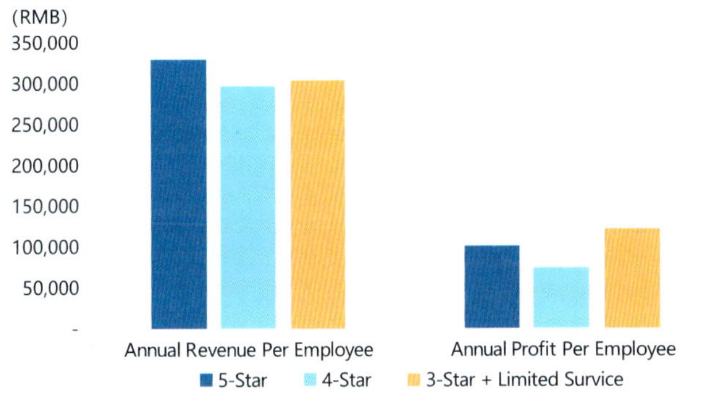

Energy Efficiency: Enhancing Sustainable Development of Hotels

Over the past decade, the hotel industry has made significant progress in energy consumption management, showing a clear trend of reduced energy consumption. As we all know, energy is one of the major expenditures for hotels. Effectively managing energy expenses is crucial for hotels to enhance operational efficiency, achieve cost savings, and improve overall effectiveness. From 2013 to 2023, the average energy expenses per available room in national five-star hotels decreased from 25,911 RMB to 21,179 RMB, a reduction of 18%. During this period, hotels have actively utilized emerging technologies and updated equipment to achieve energy savings. Simultaneously, by enhancing employee training and optimizing energy-saving operations and standardization, they have promoted energy-saving awareness and improved energy efficiency in daily operations.

Exhibit 9: Energy Expenditure Per Available Room, 5-Star Hotels, 2013-2023

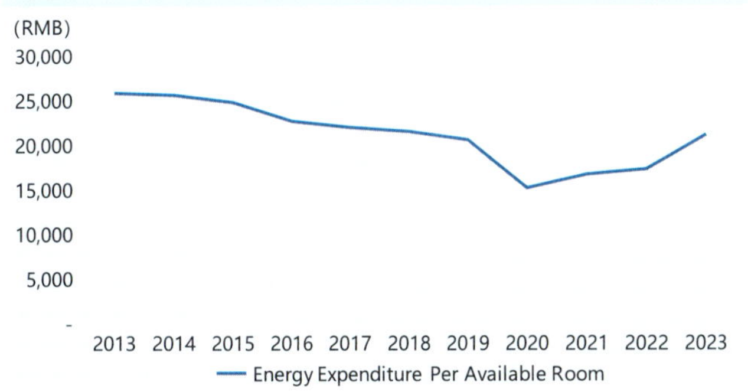

级酒店市场的人均创收差距正在持续缩小，而从人均创利来看三星级及有限服务酒店已显著超越以全服务为主的四、五星级酒店。这充分说明，就全服务酒店而言，被动地压缩用工人数已难以解决现阶段酒店所存在的根本问题，如何能够释放“人”的价值，从而做大酒店收入和利润才是关键。因此，在新的发展周期下，“人”的价值需要被重新审视，酒店不再需要机械化作业的“人”，需要的是能创造内容以及情绪价值的空间主理人，从而为酒店带来情感溢价和利润增长。

图 8：2023年各定位层级酒店市场员工人均创收和人均创利

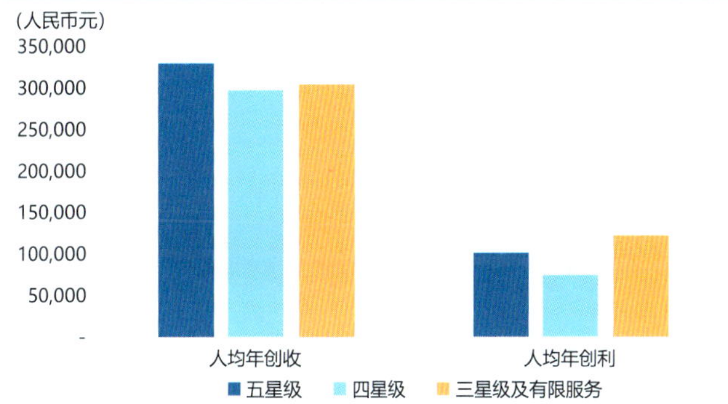

“能效”助力酒店绿色发展

在过去十年，酒店业在能耗管理方面取得了显著进展，展现出清晰的能耗降低趋势。众所周知，能源是酒店的主要支出项之一，有效控制能源支出是酒店提高运营水平、实现酒店增本增效的必要之举。2013年至2023年数据显示，全国五星级酒店平均每间可供出租房的能源支出从25,911元下降到21,179元，下降幅度高达18%。十年间，各酒店积极利用新兴技术，结合设备更新和迭代，以达到酒店节能降耗的目的；同时，通过强化员工培训，优化节能操作和规范，在日常经营管理中推动酒店节能意识和节能水平的提高。

图 9：2013年至2023年五星级酒店市场每间可供出租客房能源支出

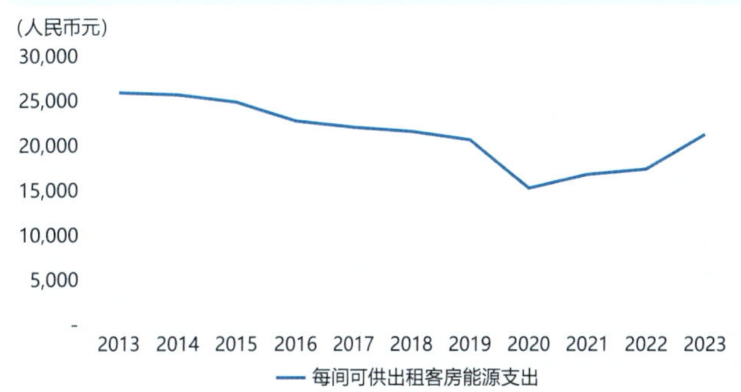

From the perspective of the energy cost proportion, the data of 2023 revealed that energy costs in five-star hotels stabilized around 8% of total revenues, though this proportion displayed significant variation across different market tiers. Specifically, the proportion of energy cost was lower in five-star hotels in tier-1 cities, at about 6%, while in tier-3 cities, this figure climbed to 9%. In addition to the direct impact of revenue scale, the outstanding performance in energy management in tier-1 cities can largely be attributed to their highly professionalized and refined operational management. These hotels place greater emphasis on investing in energy efficiency improvements, both financially and technologically. Furthermore, given that hotel brands and owners in tier-1 cities are often publicly listed companies or industry leaders, they tend to be more proactive in practicing social responsibilities. They become pioneering forces in driving the practice of green hotels. In contrast, hotels in tier-2 and tier-3 cities still have room for improvement in energy management, and the green transformation of these hotels is urgent.

从能耗占比的角度分析，2023年的数据揭示出五星级酒店的能耗成本在其总收入中的占比大约稳定在7%，然而这一比例在不同类型的市场展现出显著差异。具体而言，一线城市五星级酒店能耗开支占比较低，约为6%，反观三线城市同类酒店，该比例则攀升至9%。除却营收规模的直接影响，一线城市酒店在能耗管理领域的卓越表现，很大程度上归因于其运营管理的高度专业化与精细化，这些酒店更重视在资金和技术上对能效提升的投入。除此之外，鉴于一线城市酒店的品牌方和业主方大多数是上市公司或业界龙头，这些企业在践行社会责任方面往往更加自觉，成为推动绿色酒店实践的先锋力量。相比之下，二、三线城市酒店的能耗管理仍有提升空间，酒店的绿色转型刻不容缓。

Exhibit 10: 5-Star Hotels Energy Consumption Percentage of Total Revenue, by City Tiers, 2023

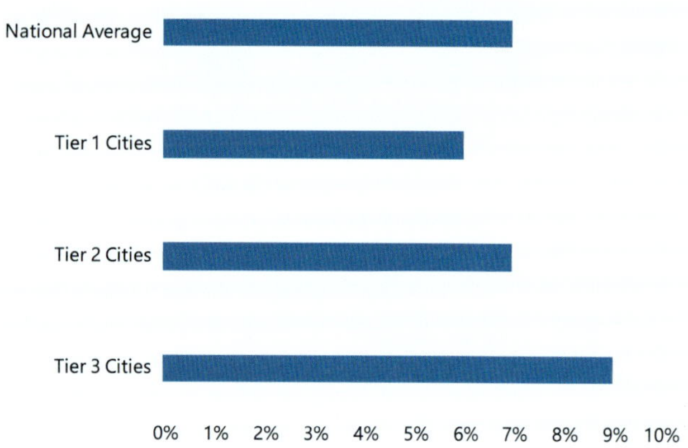

图 10：2023年五星级酒店市场能源支出占比

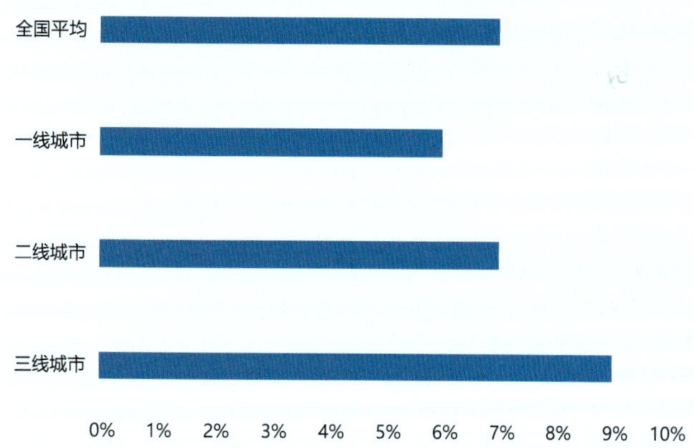

Space Efficiency: A New Benchmark for Measuring Space Value

In the commercial real estate field, revenue/profit per square meter is one of the most critical indicators for assessing the value and efficiency of office buildings and commercial spaces. However, this indicator is not widely applied in the hotel industry. This is primarily because hotel investments in China encompass more than just economic value; they also involve branding, corporate reception, and real estate synergies. Therefore, it is difficult to use revenue/profit per square meter to determine the value and efficiency of hotels. In 2023, the data showed that the gap between revenue and profit per square meter across different hotel tiers was not significant, with daily revenue efficiency ranging from 3.5-5 RMB per square meter and daily profit efficiency from 0.8-1.8 RMB per square meter. The current level of space efficiency in Chinese hotels is far behind that of office buildings and commercial spaces, indicating a long way ahead for improving space efficiency for hotels in China.

“坪效”衡量空间价值的新标尺

在商业不动产领域，坪效是衡量办公楼和商业空间价值和效率的最重要的指标之一，而在酒店行业该指标的应用并不广泛。这主要是因为中国的酒店投资承载了诸多经济价值以外的功能和属性，比如，形象标签、企业接待、地产配套等，因此酒店难以用坪效来判断其价值和效率。2023年的数据显示，全国各定位层级的酒店收入坪效和利润坪效差距并不大，日收入坪效在3.5～5元人民币，而日利润坪效在0.8～1.8元人民币。该坪效水平与写字楼和商场相去甚远，中国酒店的坪效提升之路任重道远。

Exhibit 11: Revenue and Gross Operating Profit Per Square Meter, by Star Rating, 2023

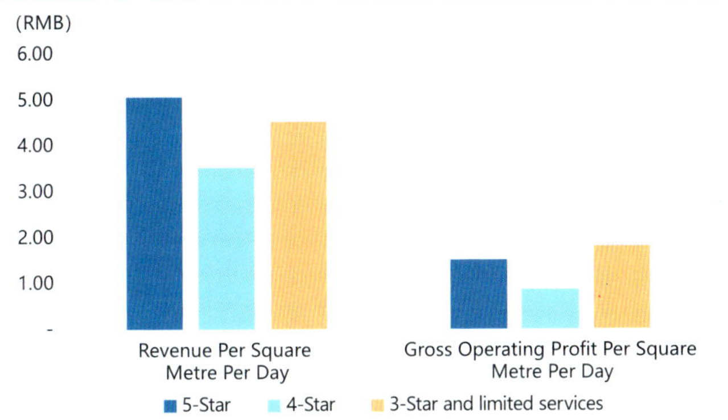

It is worth noting that in comparisons among hotels of different tiers, the space efficiency of four and five-star hotels, especially in terms of profit per square meter is lower than three-star and limited-service hotels. This is primarily due to the excessive pursuit of larger spaces during the development process of four and five-star hotels. Over the past decade, the average Gross Floor Area per room of national five-star hotels has shown a 'rise first, then fall' trend. From 2015 to 2019, driven by real estate development, hotels often entered the market on a large scale, focusing on architectural storytelling and grand spaces during the investment stage, while neglecting the economic efficiency of hotel spaces. This made the average GFA per room of hotels stay at a high level. As the real estate boom gradually subsides, hotel investment and development in China have become increasingly rational. Therefore, this indicator has shown a downward trend since 2019. This shift signifies that revenue/profit per square meter, as a metric for assessing the space efficiency of hotel projects, is receiving increasing attention within the industry and will play a more critical role in the era of existing assets in the hotel sector.

Exhibit 12: 5-Star Hotels Gross Floor Area Per Available Room, 2013-2023

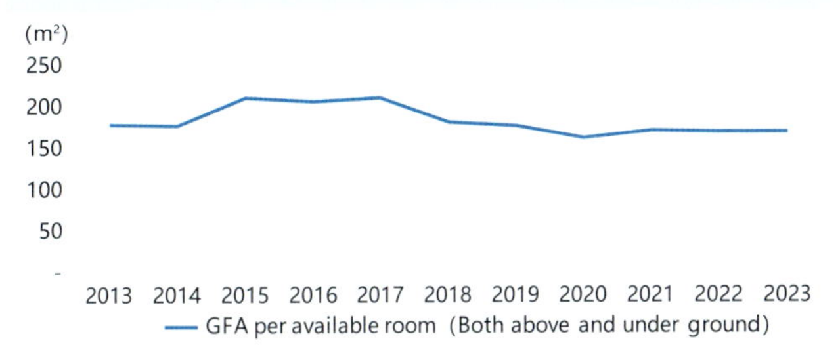

Part Ⅲ: Products—"Upgrading" and "Downgrading" of Products

Operational Challenges and Product Differentiation in Traditional Full-Service Hotels

According to the data of 2023, the demand in China's hotel market is changing drastically. The traditional full-service hotels are struggling

图 11：2023年各定位层级酒店市场收入坪效与毛利坪效对比

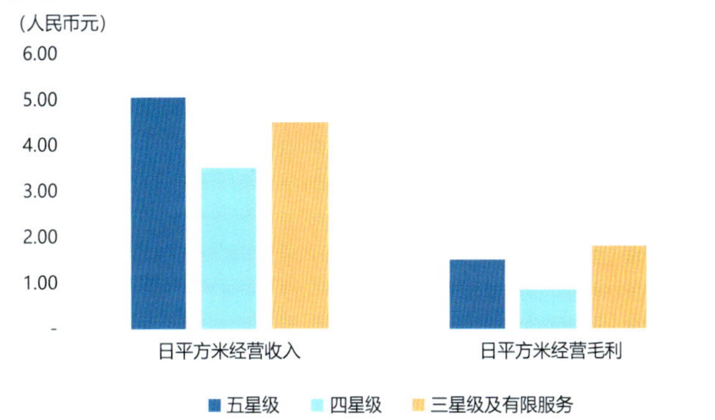

值得注意的是，在不同定位档次酒店的对比中，四、五星级酒店的坪效水平，特别是利润坪效，弱于三星级及有限服务酒店，这主要是由于四、五星级酒店在开发过程中过度追求大空间所导致的。根据全国五星级酒店的平均每间房均摊面积显示，该指标在过去10年呈现出"先升后降"的趋势。2015年至2019年是地产驱动下的酒店大规模集中进入市场的五年，该周期下的酒店在投资阶段往往追求建筑的故事性以及空间高大上，忽视酒店空间的经济效益，这使得酒店的每间房均摊面积持续高企。而伴随地产红利的逐步消退，中国酒店的投资和开发日趋理性审慎，因此该指标自2019年开始呈现下降趋势。这也意味着坪效作为衡量酒店项目空间效率的指标越发受到业内关注，也将在酒店资产的存量时代发挥更加重要的作用。

图 12：2013年至2023年五星级酒店每间房均摊建筑面积

第三部分 产品篇：产品的"升维"与"降维"

传统全服务酒店的经营困境与产品分化

根据2023年数据可以看出，中国酒店市场需求正在剧烈变化，传统全服务酒店已越发难以满足新的消费趋势，在激烈的市场竞争中也逐渐落入下风。一方面，客房产品的迭

to adapt to new consumption trends and are gradually falling behind in the intense market competition. On the one hand, the slow iteration and updating of guest room products struggle to compete with the rapidly evolving offerings in the upper midscale segment. On the other hand, with the rise of social dining and the diversification of meeting formats, the large F&B outlets and meeting facilities of traditional full-service hotels are gradually becoming an operational burden and constraint for these hotels. Traditional full-service hotels urgently need product iteration. They should either "upgrade" by breaking through the physical space and business boundaries of hotels, starting from the consumer perspective and extending management beyond traditional guest rooms to various formats tailored to specific consumer groups, or "downgrade" by simplifying inefficient hotel facilities, focusing more on guest room operations and leveraging technology platforms to achieve maximum efficiency.

"Upgrading": Breaking Business Boundaries and Enhancing Destination Operations

"Upgrading" means that hotel management capabilities need further enhancement, requiring hotel managers to shift from basic hotel operations to "guest room plus" destination management. The "guest room plus" concept may include F&B, kids club, outdoor activities, boutique shopping, bars, and more. These modules should not only support in-house guests, but also have the ability to operate independently, creating better synergy with the guest rooms, thereby enhancing the overall value and allowing the rooms to achieve higher premiums.

For example, among the various "guest room plus" modules, F&B is a crucial part and an important element of experiencing local lifestyles. In the past, most hotels viewed F&B as merely a supplementary facility to the guest rooms, rather than focusing on the quality of dining operations. In recent years, the number of hotels with Michelin-starred restaurants has been steadily increasing. This achievement acknowledges their exceptional dining quality, indicating that these hotel restaurants can compete with the finest dining establishments in the society. More importantly, it drives the transformation of hotels into lifestyle destinations, providing consumers a seamless experience from accommodation to dining and leisure. Based on the data of 2023, hotels with Michelin-starred restaurants in first-tier cities see average revenue per room 60% higher than the one for five-star hotels in those cities. Non-room revenues constitute 47%, which is 5% higher than the market average for hotels with similar positioning. Their operating income and profit lead significantly ahead of the market. "Upgrading" requires keen insights into customer groups and innovative content operations to help a hotel's revenue surpass spatial limitations and become more imaginative.

"Downgrading": Simplifying Facilities and Leveraging Technology for Efficiency

If the market environment and the hotel's own conditions make "upgrading" unfeasible, then "downgrading" can also be a wise strategy. Streamlining facilities in response to market demand can ease the hotel's burden and significantly improve operational efficiency.

However, it is important to note that focusing exclusively on guest

代更新缓慢，无法与日新月异的中高档精选服务产品相提并论。另一方面，随着社会餐饮业的崛起以及会议方式的多样化，传统全服务酒店庞大的餐饮和会议设施，逐渐成为酒店运营的负担和枷锁。传统全服务酒店亟须产品迭代，要么"升维"，打破酒店物理空间和业态边界，以消费者视角出发，不是仅局限于传统的客房，而是将管理边界延展到与特定消费人群相关的各类业态；要么"降维"，精简酒店的低效空间配套，进一步聚焦客房运营，借助科技平台，追求效率极致。

"升维"：突破业态边界，强化目的地运营

"升维"意味着酒店管理能力需要进一步提升，这要求酒店管理者需要完成从单纯的酒店经营向"客房+"的目的地运营转变。"客房+"的部分可以是餐饮、亲子俱乐部、户外运动、精品商业、酒吧等，而这些模块不应只是配套的属性，服务于住店客人，更需要具备独立运作的市场化能力，同时也能与客房实现更好地协同，推高客房实现更高溢价。

举个例子，在众多"客房+"的模块里，餐饮是其中的重要模块，也是体验在地生活方式的重要一环。而过去大部分酒店只是把餐饮作为客房的配套设施，而并没有真正做好餐饮运营。近年来，餐厅荣获米其林星级加冕认证的酒店逐年增加，这一成就是对其卓越餐饮品质的认可，标志着这些酒店餐厅已具备与高端社会餐饮同台竞技的能力。更重要的是，这促进了酒店向生活方式目的地转型，为消费者提供从住宿到餐饮再到休闲娱乐的一体化体验。根据2023年的数据，一线城市中具备米其林餐厅的酒店，每间客房平均收益高出一线五星级酒店市场均值的60%，非房收入占比47%，高出同等级定位酒店市场均值的5%，经营收入和利润均遥遥领先于市场。"升维"需要对客群洞察具备敏锐度，对内容运营具备创新性，只有这样酒店的收入才能突破空间局限，更具想象力。

"降维"：精简配套设施，科技助力效率提升

如果酒店所在的市场环境以及自身条件使其无法实现"升维"，那么"降维"也不失为一种策略。传统全服务酒店通常会存在部分低效空间，结合市场需求精简配套设施，为酒店减负也是提升酒店运营效率的有效路径。

但是需要注意的是，一旦聚焦客房单一场景，酒店收入天花

rooms can limit revenue potential, and an excessive focus on cost control can become detrimental. Reducing F&B and banquet facilities will significantly decrease the number of hotel staff, however, compared to the leading midscale limited-service hotels, the absence of digital management systems and platform-shared services makes it difficult to reduce back-office staff. Consequently, the proportion of back-office employees remains elevated. According to 2023 data, back-office staff (administration, marketing, IT, property maintenance, etc.) in full-service hotels typically allocate 35% of full time employees, compared to 20% in leading midscale limited-service hotels. This disparity highlights the difference in management efficiency and underscores the potential for cost reduction and improved efficiency. Therefore, while traditional full-service hotels may reduce their product offerings, they also need to enhance technological investments or leverage external platforms through "downgrading" to achieve business transformation.

The following table provides a comprehensive overview of the information presented in this statistical publication. We sincerely thank all industry participants for their continued and robust support!

Total Respondent Hotels	1,555
Total Participating Hotels (Valid Surveys)	1,525
Total Guest Rooms	432,046
Total Revenue	RMB 114.59 billion
Total Room Revenue	RMB 66.99 billion
Total F&B Revenue	RMB 40.75 billion
Total Staff	351,996
Total F&B Seats	559,338
Total F&B Covers	226 million
City Covered	200
Province Covered	31

板就会变低，而对成本管控的追求就会变得极致。诚然，削减餐饮及会议设施，酒店的用工数量会大幅降低。但是与头部的中档有限服务酒店相比，由于数字化管理系统和平台共享服务的缺失，也使其难以压缩后台用工数量，后台员工占比始终处于高位。根据2023年数据，全服务酒店后台员工数量（行政、营销、IT、物业维保等）在酒店正式员工数量中占比通常达到35%，而市场头部中档有限服务品牌酒店则只有20%，其中的差距也是酒店管理效率的差距，也是酒店能够实现降本增效的空间。因此，传统全服务酒店在产品做减法的同时，更加需要强化科技投入或利用外界平台赋能，这才是酒店通过“降维”实现业务转型的关键。

最后，下表数据充分展现了本书涵盖的丰富信息量，我们真诚感谢所有行业参与者对本书的持续大力支持！

回复问卷酒店总数	1,555家
有效问卷酒店总数	1,525家
客房总数	432,046间
总营业收入	1,145.9亿元
客房总收入	669.9亿元
餐饮总收入	407.5亿元
员工总数	351,996人
餐饮总餐位数	559,338个
餐饮总上座人数	2.26亿人次
涵盖城市总数	200个
涵盖省份	31个

表 1 酒店业业务摘要（2023 / 2022）

2023	以星级分类 By Star Rating			以管理模式分类 By Management Model				以城市等级分类 By City Category			
	五星 5-Star	四星 4-Star	三星+有限服务 3-Star + Limited Service	国际管理 International 五星/5-Star	国内管理 Domestic 五星/5-Star	国际管理 International 四星/4-Star	国内管理 Domestic 四星/4-Star	一线城市 Tier 1 cities 五星/5-Star	二线城市 Tier 2 cities 五星/5-Star	三线城市 Tier 3 cities 五星/5-Star	目的地度假村 Destination Resort 五星/5-Star
业务摘要											
酒店数量（家）	975	393	157	722	253	228	165	225	490	167	93
每日可供出租客房数（间）	303,264	94,854	27,053	224,900	77,927	59,405	35,108	78,362	152,879	40,293	31,730
每日实际入住客房数（间）	189,936	57,404	17,518	144,554	45,188	35,638	21,533	54,765	95,214	22,108	17,712
平均住宿率	62.6%	60.5%	64.8%	64.3%	58.0%	60.0%	61.3%	69.9%	62.3%	54.9%	55.8%
平均房价（元）	803	470	374	885	549	491	437	994	706	483	1,136
每间可供出租客房收入（元）	503	284	242	569	318	295	268	695	439	265	634
每间可供出租客房总收入（元）	314,483	164,617	114,627	338,894	244,323	155,216	179,520	435,186	287,723	180,553	315,399
每间可供出租客房总支出（元）	220,653	124,696	70,343	235,035	179,206	116,831	136,871	293,015	206,205	145,721	206,794
每间可供出租房经营毛利（元）	**94,805**	**40,398**	**45,899**	**105,269**	**65,117**	**38,694**	**43,429**	**142,990**	**83,011**	**34,832**	**108,605**
经营毛利率	30.1%	24.5%	40.0%	31.1%	26.7%	24.9%	24.2%	32.9%	28.9%	19.3%	34.4%
管理费（基本及奖金）（元）	11,692	5,349	4,517	12,748	7,249	5,160	5,756	16,035	10,546	5,537	14,275
非经营相关收入及支出前收益（元）	**84,304**	**35,658**	**43,627**	**92,788**	**60,260**	**33,590**	**39,255**	**128,491**	**73,625**	**29,775**	**95,708**

2022	以星级分类 By Star Rating			以管理模式分类 By Management Model				以城市等级分类 By City Category			
	五星 5-Star	四星 4-Star	三星+有限服务 3-Star + Limited Service	国际管理 International 五星/5-Star	国内管理 Domestic 五星/5-Star	国际管理 International 四星/4-Star	国内管理 Domestic 四星/4-Star	一线城市 Tier 1 cities 五星/5-Star	二线城市 Tier 2 cities 五星/5-Star	三线城市 Tier 3 cities 五星/5-Star	目的地度假村 Destination Resort 五星/5-Star
业务摘要											
酒店数量（家）	976	367	162	673	290	189	165	201	477	141	157
每日可供出租客房数（间）	311,373	92,189	30,583	214,733	92,578	51,221	38,773	70,699	155,960	41,663	43,052
每日实际入住客房数（间）	133,321	41,496	15,486	94,314	37,604	23,152	17,269	28,823	71,382	16,827	16,272
平均住宿率	42.8%	45.0%	50.6%	43.9%	40.6%	45.2%	44.5%	40.8%	45.8%	40.4%	37.8%
平均房价（元）	649	398	324	730	468	431	357	804	573	410	994
每间可供出租客房收入（元）	278	179	164	321	190	195	159	328	262	165	376
每间可供出租客房总收入（元）	189,503	113,066	76,390	207,117	149,401	109,658	115,231	230,528	183,892	126,917	203,157
每间可供出租客房总支出（元）	165,224	102,027	56,161	177,642	52,143	97,970	103,229	213,310	156,712	120,111	160,479
每间可供出租房经营毛利（元）	**24,771**	**11,155**	**20,587**	**29,693**	**15,367**	**12,135**	**10,238**	**17,895**	**27,592**	**6,938**	**42,867**
经营毛利率	13.1%	9.9%	27.0%	14.3%	10.3%	11.1%	8.9%	7.8%	15.0%	5.5%	21.1%
管理费（基本及奖金）（元）	5,530	3,227	2,684	5,855	4,045	2,971	3,092	5,908	5,488	3,290	7,163
非经营相关收入及支出前收益（元）	**19,883**	**8,421**	**18,271**	**23,967**	**12,673**	**8,922**	**8,535**	**12,559**	**22,877**	**3,955**	**36,236**

备注 Notes:

1. 国际管理：由国际饭店管理公司管理或者挂牌的酒店。
   Int'l: operated and managed by an international Hotel Management Company (HMC) or franchised by an international HMC.
2. 国内管理：由国内饭店管理公司管理或者挂牌的酒店。
   Dom.: operated and managed by a domestic Hotel Management Company (HMC) or franchised by a domestic HMC.

TABLE 1 INDUSTRY SUMMARY (2023 VS. 2022)

2023	以平均房价分类 By Average Room Rate				以主要市场分类 By Key Market				
	¥ 1,000 以上 Above ¥ 1,000	¥ 701~1,000 Between ¥ 701-1,000	¥ 401~700 Between ¥ 401-700	¥ 400 及以下 Below ¥ 400	北京 Beijing 五星/5-Star	上海 Shanghai 五星/5-Star	广州 Guangzhou 五星/5-Star	深圳 Shenzhen 五星/5-Star	三亚 Sanya 五星/5-Star
Industry Summary									
Number of Hotels	234	232	669	390	73	82	37	32	27
Number of Available Rooms Per Day	64,466	74,894	196,601	91,418	24,656	27,768	14,607	11,055	9,210
Number of Occupied Rooms Per Day	43,696	51,526	122,211	48,758	17,029	19,393	10,504	7,753	6,470
Occupancy	67.8%	68.8%	62.2%	53.3%	69.1%	69.8%	71.9%	70.1%	70.3%
Average Room Rate (RMB)	1,438	838	538	331	978	999	977	1,048	1,546
Revenue Per Available Room - RevPAR (RMB)	974	577	335	177	676	698	703	735	1,086
Total Revenue Per Available Room (RMB)	549,319	350,216	210,681	119,810	409,677	420,077	487,475	468,890	525,922
Total Expenses Per Available Room (RMB)	353,495	236,817	158,611	97,629	278,156	283,406	324,126	313,489	323,285
GOP Per Available Room (RMB)	**199,009**	**113,399**	**52,814**	**23,400**	**131,521**	**138,907**	**163,349**	**155,401**	**202,637**
As % of Total Revenue	36.2%	32.4%	25.1%	19.5%	32.1%	33.1%	33.5%	33.1%	38.5%
Management Fees (Base + Incentive) (RMB)	23,308	12,408	6,638	3,188	15,245	14,937	17,690	18,656	22,990
Income Before Non-operating Income and Expenses (RMB)	**176,534**	**101,576**	**46,856**	**21,020**	**118,752**	**124,685**	**147,783**	**137,451**	**179,647**

2022	以平均房价分类 By Average Room Rate				以主要市场分类 By Key Market				
	¥ 1,000 以上 Above ¥ 1,000	¥ 701~1,000 Between ¥ 701-1,000	¥ 401~700 Between ¥ 401-700	¥ 400 及以下 Below ¥ 400	北京 Beijing 五星/5-Star	上海 Shanghai 五星/5-Star	广州 Guangzhou 五星/5-Star	深圳 Shenzhen 五星/5-Star	三亚 Sanya 五星/5-Star
Industry Summary									
Number of Hotels	159	169	618	559	68	79	34	29	28
Number of Available Rooms Per Day	41,931	52,743	195,109	144,362	23,915	27,685	12,776	9,168	10,277
Number of Occupied Rooms Per Day	16,502	22,256	86,340	65,130	7,779	11,808	6,332	3,971	4,721
Occupancy	39.4%	42.2%	44.3%	45.1%	32.5%	42.7%	49.6%	43.3%	45.9%
Average Room Rate (RMB)	1,468	809	522	325	922	781	749	875	1,353
Revenue Per Available Room - RevPAR (RMB)	578	341	231	147	300	333	371	379	621
Total Revenue Per Available Room (RMB)	364,634	230,736	154,853	98,217	201,243	215,547	304,244	266,087	302,749
Total Expenses Per Available Room (RMB)	287,710	199,646	139,604	89,118	202,657	201,862	248,902	235,784	209,288
GOP Per Available Room (RMB)	**76,923**	**31,972**	**15,640**	**9,555**	**(1,413)**	**16,356**	**53,553**	**30,304**	**93,461**
As % of Total Revenue	21.1%	13.9%	10.1%	9.7%	(0.7%)	7.6%	17.6%	11.4%	30.9%
Management Fees (Base + Incentive) (RMB)	12,180	6,234	4,230	2,669	4,585	5,348	8,716	7,375	11,383
Income Before Non-operating Income and Expenses (RMB)	**64,903**	**26,358**	**11,859**	**7,485**	**(5,231)**	**11,196**	**45,752**	**23,329**	**82,078**

备注 Notes:

1. 一线城市包括北京、上海、广州和深圳。
   Tier 1 cities include Beijing, Shanghai,Guangzhou and Shenzhen.
2. 二线城市包括省会城市和省内经济都会城市，例如苏州、厦门等。
   Tier 2 cities refer to provincial capital cities and provincial economic centre cities such as Suzhou and Xiamen.
3. 三线城市包括除一线、二线城市及知名旅游目的地外的城市，例如保定、洛阳、遵义等。
   Tier 3 cities include cities other than Tier 1 and Tier 2 cities and well-known tourist destinations, such as Baoding, Luoyang. Zunyi. etc.
4. 旅游目的地包括中国知名旅游目的地，例如三亚、丽江、千岛湖等。
   Tourism destinations refer to renowned vacation destinations like Sanya,Lijiang and Qiandao Lake.
5. GOP: Gross Operating Profit

表 2 部门收支

	以星级分类 By Star Rating			以管理模式分类 By Management Model				以城市等级分类 By City Category			
	五星 5-Star	四星 4-Star	三星+有限服务 3-Star + Limited Service	国际管理 International 五星/5-Star	国内管理 Domestic 五星/5-Star	国际管理 International 四星/4-Star	国内管理 Domestic 四星/4-Star	一线城市 Tier 1 cities 五星/5-Star	二线城市 Tier 2 cities 五星/5-Star	三线城市 Tier 3 cities 五星/5-Star	目的地度假村 Destination Resort 五星/5-Star
部门收支											
以每间可供出租客房计算	（元）	（元）	（元）	（元）	（元）	（元）	（元）	（元）	（元）	（元）	（元）
部门收入											
客房	180,529	101,829	85,588	203,269	115,446	104,559	97,498	251,606	158,061	93,743	223,100
食品	89,146	40,261	17,687	91,729	81,630	35,136	48,529	111,062	89,151	64,954	65,819
饮品	4,553	1,019	853	4,696	4,123	766	1,496	8,265	3,797	1,376	3,100
其他餐饮	24,307	10,422	3,855	26,559	17,609	10,519	10,099	35,495	24,370	12,873	11,174
水疗及健身	4,670	2,664	891	4,640	4,814	1,749	4,749	6,340	3,861	2,658	6,303
其他营运部门	7,879	7,546	6,997	5,076	14,088	2,329	14,716	15,284	5,129	3,156	3,067
杂项收入	7,352	5,194	4,001	6,040	11,800	2,535	11,660	12,580	5,810	4,591	5,530
合计	**314,483**	**164,617**	**114,627**	**338,894**	**244,323**	**155,216**	**179,520**	**435,186**	**287,723**	**180,553**	**315,399**
部门支出											
客房	44,315	28,338	18,735	48,976	30,961	27,194	30,129	59,590	39,939	26,060	50,832
餐饮	84,873	40,710	16,724	88,725	73,664	36,709	47,052	110,641	82,792	60,354	62,688
水疗及健身	4,124	2,390	800	4,146	4,059	1,614	4,248	5,069	3,014	2,265	8,382
其他营运部门	4,680	5,307	5,293	3,074	8,776	1,719	8,979	6,161	4,291	3,376	4,459
合计	**136,359**	**73,803**	**40,305**	**143,791**	**114,902**	**66,013**	**85,934**	**179,108**	**129,053**	**90,510**	**124,293**
部门盈利(亏损)											
客房	136,214	73,491	66,852	154,293	84,485	77,366	67,369	192,016	118,122	67,683	172,267
餐饮	33,133	10,993	5,670	34,258	29,698	9,713	13,071	44,181	34,526	18,848	17,405
水疗及健身	546	274	91	494	755	135	501	1,271	848	393	(2,079)
其他营运部门	3,199	2,239	1,703	2,003	5,312	611	5,736	9,122	838	(220)	(1,392)
杂项收入	7,352	5,194	4,001	6,040	11,800	2,535	11,660	12,580	5,810	4,591	5,530
合计	**178,124**	**90,814**	**74,322**	**195,104**	**129,421**	**89,203**	**93,587**	**256,078**	**158,670**	**90,043**	**191,105**
未分配经营开支											
行政及一般开支	27,981	19,082	12,179	28,993	25,449	17,426	21,891	38,190	25,874	18,526	25,988
信息及通信系统	5,371	3,359	1,562	6,011	1,789	3,650	1,902	7,346	4,837	3,635	4,966
市场推广及营销	16,370	8,517	5,714	18,775	9,517	8,977	7,728	23,210	14,855	9,618	14,519
能源	21,179	12,638	7,663	22,449	17,483	12,728	12,537	25,888	20,214	16,134	20,521
物业营运及保养	14,277	8,868	5,710	15,217	11,516	8,253	9,967	20,770	12,039	8,733	16,250
合计	**84,294**	**50,893**	**30,038**	**91,244**	**64,304**	**50,819**	**50,937**	**113,907**	**77,153**	**55,211**	**82,500**
经营毛利	**94,805**	**40,398**	**45,899**	**105,269**	**65,117**	**38,694**	**43,429**	**142,990**	**83,011**	**34,832**	**108,605**
管理费(基本及奖金)	11,692	5,349	4,517	12,748	7,249	5,160	5,756	16,035	10,546	5,537	14,275
非经营相关收入及支出前收益	**84,304**	**35,658**	**43,627**	**92,788**	**60,260**	**33,590**	**39,255**	**128,491**	**73,625**	**29,775**	**95,708**

备注 Note:

1. 类项与往年主要差别为取消通信部门及租金收入，增添杂项收入以及信息及通信系统部门。这一变更的依据是第十一版《酒店业统一会计制度》。
   The columns were updated according to the eleventh revised edition of Uniform System of Accounts for the Lodging Industry. The key changes are canceling telecommunications department and rental & other income, and adding miscellaneous income and information & telecommunications department.
2. 纵向合计将不会完全符合，所有平均数据只平均为该行提供数据的酒店。
   Vertical totals will not always add up since averages were only based on hotels that contributed data to the specific line item.

TABLE 2 DEPARTMENTAL REVENUES & EXPENSES

	以平均房价分类 By Average Room Rate				以主要市场分类 By Key Market				
	¥ 1,000 以上 Above ¥ 1,000	¥ 701~1,000 Between ¥ 701-1,000	¥ 401~700 Between ¥ 401-700	¥ 400 及以下 Below ¥ 400	北京 Beijing 五星/5-Star	上海 Shanghai 五星/5-Star	广州 Guangzhou 五星/5-Star	深圳 Shenzhen 五星/5-Star	三亚 Sanya 五星/5-Star
Dept. Rev. & Exp.									
Per Available Room	RMB	RMB	RMB	RMB	RMB	RMB	RMB	RMB	RMB
Departmental Revenues									
Rooms	339,931	207,248	119,324	63,442	245,538	254,026	255,564	258,978	389,380
Food	136,340	92,782	61,724	38,940	86,653	106,784	140,489	139,314	98,662
Beverage	11,792	3,228	1,694	2,046	6,272	7,280	11,143	11,437	6,014
Other Food & Beverage	38,112	29,113	16,146	8,027	31,185	31,667	44,459	43,468	15,784
Spa & Fitness Center	8,362	4,032	2,915	2,662	6,411	4,831	6,002	5,883	6,888
Other Operated Depts.	10,754	7,355	7,125	6,769	21,578	9,187	21,957	8,210	3,057
Miscellaneous Income	9,870	8,073	5,886	3,619	16,052	10,211	16,422	6,739	6,898
Total	**549,319**	**350,216**	**210,681**	**119,810**	**409,677**	**420,077**	**487,475**	**468,890**	**525,922**
Departmental Expenses									
Rooms	77,360	49,327	31,556	19,121	57,066	60,400	61,748	61,520	86,556
Food & Beverage	131,724	89,161	59,142	36,001	94,023	103,347	139,784	129,479	92,810
Spa & Fitness Center	7,919	3,441	2,569	1,941	4,802	3,994	4,499	4,721	10,874
Other Operated Depts.	5,920	4,483	4,370	4,499	5,733	5,080	7,291	5,681	4,739
Total	**220,873**	**145,299**	**95,786**	**59,917**	**160,887**	**171,489**	**208,907**	**202,168**	**196,220**
Departmental Profit (Loss)									
Rooms	262,571	157,922	87,768	44,321	188,471	193,627	193,816	197,458	302,824
Food & Beverage	54,520	35,962	20,422	13,011	30,087	42,384	56,307	64,740	27,650
Spa & Fitness Center	443	590	346	721	1,609	837	1,503	1,162	(3,986)
Other Operated Depts.	4,834	2,873	2,754	2,270	15,845	4,107	14,666	2,529	(1,683)
Miscellaneous Income	9,870	8,073	5,886	3,619	16,052	10,211	16,422	6,739	6,898
Total	**328,446**	**204,917**	**114,895**	**59,892**	**248,790**	**248,588**	**278,569**	**266,721**	**329,702**
Undistributed Operating Expenses									
Administrative & General	42,333	29,694	22,705	13,694	40,316	35,838	39,908	35,478	35,655
Information & Telecommunications	8,244	5,743	3,879	2,117	6,914	7,565	7,240	7,687	6,902
Marketing	29,381	18,007	11,044	5,888	21,321	24,906	22,033	25,234	24,410
Energy	29,386	23,096	16,254	10,986	25,178	25,479	26,856	27,448	31,441
Property Operation & Maintenance	23,842	15,476	10,268	6,664	24,861	18,640	21,222	16,939	24,714
Total	**132,621**	**91,518**	**62,825**	**37,711**	**117,269**	**111,916**	**115,220**	**111,320**	**127,065**
Gross Operating Profit	**199,009**	**113,399**	**52,814**	**23,400**	**131,521**	**138,907**	**163,349**	**155,401**	**202,637**
Management Fees (Base + Incentive)	23,308	12,408	6,638	3,188	15,245	14,937	17,690	18,656	22,990
Income Before Non-operating Income and Expenses	**176,534**	**101,576**	**46,856**	**21,020**	**118,752**	**124,685**	**147,783**	**137,451**	**179,647**

表 2　部门收支（续1）

	以星级分类 By Star Rating			以管理模式分类 By Management Model				以城市等级分类 By City Category			
	五星 5-Star	四星 4-Star	三星+有限服务 3-Star + Limited Service	国际管理 International 五星/5-Star	国内管理 Domestic 五星/5-Star	国际管理 International 四星/4-Star	国内管理 Domestic 四星/4-Star	一线城市 Tier 1 cities 五星/5-Star	二线城市 Tier 2 cities 五星/5-Star	三线城市 Tier 3 cities 五星/5-Star	目的地度假村 Destination Resort 五星/5-Star
部门收支											
以每间实际入住客房计算	（元）	（元）	（元）	（元）	（元）	（元）	（元）	（元）	（元）	（元）	（元）
部门收入											
客房	805	470	376	887	549	491	437	994	707	483	1,136
食品	397	186	79	400	388	165	218	439	398	335	336
饮品	20	5	4	20	20	4	7	33	17	7	16
其他餐饮	108	48	18	116	84	49	45	141	109	66	57
水疗及健身	20	12	4	20	22	8	23	25	17	13	31
其他营运部门	35	34	33	22	67	11	66	60	23	16	16
杂项收入	32	24	19	26	55	12	54	49	26	24	27
合计	**1,402**	**759**	**504**	**1,479**	**1,161**	**729**	**805**	**1,720**	**1,288**	**930**	**1,607**
部门支出											
客房	197	131	83	213	147	128	135	235	178	134	259
餐饮	378	188	74	386	350	172	211	437	370	311	320
水疗及健身	18	11	4	18	18	7	21	19	13	11	42
其他营运部门	21	24	23	13	42	8	40	24	19	17	22
合计	**607**	**340**	**179**	**626**	**546**	**310**	**385**	**707**	**576**	**466**	**633**
部门盈利(亏损)											
客房	607	339	293	673	401	363	302	759	529	348	878
餐饮	148	51	27	149	141	46	59	175	154	97	89
水疗及健身	2	1	0	2	3	1	2	5	4	2	(11)
其他营运部门	14	10	10	9	25	3	26	36	4	(1)	(7)
杂项收入	32	24	19	26	55	12	54	49	26	24	27
合计	**795**	**419**	**325**	**853**	**615**	**419**	**420**	**1,013**	**712**	**464**	**973**
未分配经营开支											
行政及一般开支	124	88	55	126	121	82	98	151	115	95	132
信息及通信系统	24	16	7	26	8	17	8	29	21	19	25
市场推广及营销	73	39	26	82	45	42	35	92	66	50	74
能源	94	58	34	98	83	60	56	102	90	83	105
物业营运及保养	64	41	25	66	55	39	45	82	54	45	83
合计	**375**	**235**	**133**	**397**	**306**	**239**	**229**	**450**	**344**	**284**	**420**
经营毛利	**423**	**186**	**203**	**459**	**309**	**182**	**195**	**565**	**371**	**179**	**553**
管理费(基本及奖金)	52	25	21	56	35	24	26	64	46	29	73
非经营相关收入及支出前收益	**376**	**164**	**192**	**405**	**286**	**158**	**176**	**508**	**329**	**153**	**488**

备注 Note:

1. 纵向合计将不会完全符合，所有平均数据只平均为该行提供数据的酒店。
   Vertical totals will not always add up since averages were only based on hotels that contributed data to the specific line item.

TABLE 2 DEPARTMENTAL REVENUES & EXPENSES (CONT.)

	以平均房价分类 By Average Room Rate				以主要市场分类 By Key Market				
	¥ 1,000 以上 Above ¥ 1,000	¥ 701~1,000 Between ¥ 701-1,000	¥ 401~700 Between ¥ 401-700	¥ 400 及以下 Below ¥400	北京 Beijing 五星/5-Star	上海 Shanghai 五星/5-Star	广州 Guangzhou 五星/5-Star	深圳 Shenzhen 五星/5-Star	三亚 Sanya 五星/5-Star
Dept. Rev. & Exp.									
Per Occupied Room	RMB	RMB	RMB	RMB	RMB	RMB	RMB	RMB	RMB
Departmental Revenues									
Rooms	1,441	838	539	332	978	999	999	1,048	1,546
Food	578	375	280	205	345	420	538	563	392
Beverage	50	13	8	11	25	29	43	46	24
Other Food & Beverage	162	118	74	42	124	125	170	177	63
Spa & Fitness Center	36	16	14	14	26	19	22	23	27
Other Operated Depts.	45	30	32	36	86	36	84	33	12
Miscellaneous Income	42	32	27	19	64	40	59	27	27
Total	**2,332**	**1,416**	**952**	**627**	**1,633**	**1,653**	**1,864**	**1,897**	**2,088**
Departmental Expenses									
Rooms	327	199	143	100	227	237	236	249	344
Food & Beverage	558	361	267	188	375	405	535	524	368
Spa & Fitness Center	34	14	12	11	19	15	16	19	44
Other Operated Depts.	25	18	20	24	23	20	28	23	19
Total	**935**	**588**	**433**	**313**	**641**	**673**	**799**	**818**	**779**
Departmental Profit (Loss)									
Rooms	1,113	639	396	232	751	763	763	799	1,202
Food & Beverage	232	145	93	69	120	168	216	263	110
Spa & Fitness Center	2	2	2	4	7	3	5	5	(18)
Other Operated Depts.	20	12	12	12	63	16	56	10	(7)
Miscellaneous Income	42	32	27	19	64	40	59	27	27
Total	**1,397**	**829**	**519**	**313**	**991**	**980**	**1,065**	**1,079**	**1,309**
Undistributed Operating Expenses									
Administrative & General	179	120	103	72	160	141	153	144	142
Information & Telecommunications	35	23	18	11	27	30	28	31	27
Marketing	124	73	50	31	85	98	84	103	98
Energy	124	93	73	58	100	100	103	111	125
Property Operation & Maintenance	101	63	47	35	99	73	81	69	98
Total	**561**	**370**	**284**	**197**	**467**	**439**	**440**	**450**	**504**
Gross Operating Profit	843	459	239	122	524	547	624	629	804
Management Fees (Base + Incentive)	99	50	30	17	61	59	68	75	91
Income Before Non-operating Income and Expenses	**748**	**411**	**212**	**110**	**473**	**491**	**565**	**556**	**713**

表 2　部门收支（续2）

	以星级分类 By Star Rating			以管理模式分类 By Management Model				以城市等级分类 By City Category			
	五星 5-Star	四星 4-Star	三星+有限服务 3-Star + Limited Service	国际管理 International 五星/5-Star	国内管理 Domestic 五星/5-Star	国际管理 International 四星/4-Star	国内管理 Domestic 四星/4-Star	一线城市 Tier 1 cities 五星/5-Star	二线城市 Tier 2 cities 五星/5-Star	三线城市 Tier 3 cities 五星/5-Star	目的地度假村 Destination Resort 五星/5-Star
部门收支											
以百分比计算											
部门收入											
客房	57%	62%	75%	60%	47%	67%	54%	58%	55%	52%	71%
食品	28%	24%	15%	27%	33%	23%	27%	26%	31%	36%	21%
饮品	1%	1%	1%	1%	2%	0%	1%	2%	1%	1%	1%
其他餐饮	8%	6%	3%	8%	7%	7%	6%	8%	8%	7%	4%
水疗及健身	1%	2%	1%	1%	2%	1%	3%	1%	1%	1%	2%
其他营运部门	3%	5%	6%	1%	6%	2%	8%	4%	2%	2%	1%
杂项收入	2%	3%	3%	2%	5%	2%	6%	3%	2%	3%	2%
合计	**100%**	**100%**	**100%**	**100%**	**100%**	**100%**	**100%**	**100%**	**100%**	**100%**	**100%**
部门支出											
客房	25%	28%	22%	24%	27%	26%	31%	24%	25%	28%	23%
餐饮	72%	81%	83%	72%	72%	80%	82%	72%	71%	77%	78%
水疗及健身	88%	90%	90%	89%	84%	92%	89%	80%	78%	85%	133%
其他营运部门	59%	70%	76%	61%	62%	74%	61%	40%	84%	107%	145%
合计	**43%**	**45%**	**35%**	**42%**	**47%**	**43%**	**48%**	**41%**	**45%**	**50%**	**39%**
部门盈利(亏损)											
客房	75%	72%	78%	76%	73%	74%	69%	76%	75%	72%	77%
餐饮	28%	19%	17%	28%	28%	20%	18%	28%	29%	23%	22%
水疗及健身	12%	10%	10%	11%	16%	8%	11%	20%	22%	15%	(33%)
其他营运部门	41%	30%	24%	39%	38%	26%	39%	60%	16%	(7%)	(45%)
杂项收入	100%	100%	100%	100%	100%	100%	100%	100%	100%	100%	100%
合计	**57%**	**55%**	**65%**	**58%**	**53%**	**57%**	**52%**	**59%**	**55%**	**50%**	**61%**
未分配经营开支											
行政及一般开支	9%	12%	11%	9%	10%	11%	12%	9%	9%	10%	8%
信息及通信系统	2%	2%	1%	2%	1%	2%	1%	2%	2%	2%	2%
市场推广及营销	5%	5%	5%	6%	4%	6%	4%	5%	5%	5%	5%
能源	7%	8%	7%	7%	7%	8%	7%	6%	7%	9%	7%
物业营运及保养	5%	5%	5%	4%	5%	5%	6%	5%	4%	5%	5%
合计	**27%**	**31%**	**26%**	**27%**	**26%**	**33%**	**28%**	**26%**	**27%**	**31%**	**26%**
经营毛利	**30%**	**25%**	**40%**	**31%**	**27%**	**25%**	**24%**	**33%**	**29%**	**19%**	**34%**
管理费(基本及奖金)	4%	3%	4%	4%	3%	3%	3%	4%	4%	3%	5%
非经营相关收入及支出前收益	**27%**	**22%**	**38%**	**27%**	**25%**	**22%**	**22%**	**30%**	**26%**	**16%**	**30%**

备注 Note:

1. 纵向合计将不会完全符合，所有平均数据只平均为该行提供数据的酒店。
   Vertical totals will not always add up since averages were only based on hotels that contributed data to the specific line item.
2. 各部门支出百分比以其部门收入为基础，其他未分配部门以总收入为基础。
   Expense ratios for departmental expenses are based on their respective departmental revenues, all other expenses are based on total revenue.

TABLE 2 DEPARTMENTAL REVENUES & EXPENSES (CONT.)

	以平均房价分类 By Average Room Rate				以主要市场分类 By Key Market				
	¥ 1,000 以上 Above ¥ 1,000	¥ 701~1,000 Between ¥ 701-1,000	¥ 401~700 Between ¥ 401-700	¥ 400 及以下 Below ¥400	北京 Beijing 五星/5-Star	上海 Shanghai 五星/5-Star	广州 Guangzhou 五星/5-Star	深圳 Shenzhen 五星/5-Star	三亚 Sanya 五星/5-Star
Dept. Rev. & Exp.									
% of Revenue									
Departmental Revenues									
Rooms	62%	59%	57%	53%	60%	60%	52%	55%	74%
Food	25%	26%	29%	33%	21%	25%	29%	30%	19%
Beverage	2%	1%	1%	2%	2%	2%	2%	2%	1%
Other Food & Beverage	7%	8%	8%	7%	8%	8%	9%	9%	3%
Spa & Fitness Center	2%	1%	1%	2%	2%	1%	1%	1%	1%
Other Operated Depts.	2%	2%	3%	6%	5%	2%	5%	2%	1%
Miscellaneous Income	2%	2%	3%	3%	4%	2%	3%	1%	1%
Total	**100%**	**100%**	**100%**	**100%**	**100%**	**100%**	**100%**	**100%**	**100%**
Departmental Expenses									
Rooms	23%	24%	26%	30%	23%	24%	24%	24%	22%
Food & Beverage	71%	71%	75%	76%	76%	71%	71%	67%	77%
Spa & Fitness Center	95%	85%	88%	73%	75%	83%	75%	80%	158%
Other Operated Depts.	55%	61%	61%	66%	27%	55%	33%	69%	155%
Total	**40%**	**41%**	**45%**	**50%**	**39%**	**41%**	**43%**	**43%**	**37%**
Departmental Profit (Loss)									
Rooms	77%	76%	74%	70%	77%	76%	76%	76%	78%
Food & Beverage	29%	29%	25%	24%	24%	29%	29%	33%	23%
Spa & Fitness Center	5%	15%	12%	27%	25%	17%	25%	20%	(58%)
Other Operated Depts.	45%	39%	39%	34%	73%	45%	67%	31%	(55%)
Miscellaneous Income	100%	100%	100%	100%	100%	100%	100%	100%	100%
Total	**60%**	**59%**	**55%**	**50%**	**61%**	**59%**	**57%**	**57%**	**63%**
Undistributed Operating Expenses									
Administrative & General	8%	8%	11%	11%	10%	9%	8%	8%	7%
Information & Telecommunications	2%	2%	2%	2%	2%	2%	1%	2%	1%
Marketing	5%	5%	5%	5%	5%	6%	5%	5%	5%
Energy	5%	7%	8%	9%	6%	6%	6%	6%	6%
Property Operation & Maintenance	4%	4%	5%	6%	6%	4%	4%	4%	5%
Total	**24%**	**26%**	**30%**	**31%**	**29%**	**27%**	**24%**	**24%**	**24%**
Gross Operating Profit	**36%**	**32%**	**25%**	**20%**	**32%**	**33%**	**34%**	**33%**	**39%**
Management Fees (Base + Incentive)	4%	4%	3%	3%	4%	4%	4%	4%	4%
Income Before Non-operating Income and Expenses	**32%**	**29%**	**22%**	**18%**	**29%**	**30%**	**30%**	**29%**	**34%**

表 3　客房部门

	以星级分类 By Star Rating			以管理模式分类 By Management Model				以城市等级分类 By City Category			
	五星 5-Star	四星 4-Star	三星+有限服务 3-Star + Limited Service	国际管理 International 五星/5-Star	国内管理 Domestic 五星/5-Star	国际管理 International 四星/4-Star	国内管理 Domestic 四星/4-Star	一线城市 Tier 1 cities 五星/5-Star	二线城市 Tier 2 cities 五星/5-Star	三线城市 Tier 3 cities 五星/5-Star	目的地度假村 Destination Resort 五星/5-Star
部门收支											
以每间可供出租客房计算	（元）	（元）	（元）	（元）	（元）	（元）	（元）	（元）	（元）	（元）	（元）
客房收入	**180,529**	**101,829**	**85,588**	**203,269**	**115,446**	**104,559**	**97,498**	**251,606**	**158,061**	**93,743**	**223,100**
工资及相关开支	19,762	13,626	11,213	21,196	15,677	13,190	14,303	25,836	18,245	12,910	19,791
其他开支	24,639	14,832	8,438	27,810	15,452	14,040	15,080	33,754	21,737	13,239	30,553
客房部门开支合计	**44,315**	**28,338**	**18,735**	**48,976**	**30,961**	**27,194**	**30,129**	**59,590**	**39,939**	**26,060**	**50,832**
客房部门盈利(亏损)	**136,214**	**73,491**	**66,852**	**154,293**	**84,485**	**77,366**	**67,369**	**192,016**	**118,122**	**67,683**	**172,267**
以每间实际入住客房计算											
客房收入	**805**	**470**	**376**	**887**	**549**	**491**	**437**	**994**	**707**	**483**	**1,136**
工资及相关开支	88	63	50	92	74	62	64	102	81	66	102
其他开支	110	68	38	121	73	66	68	133	97	68	155
客房部门开支合计	**197**	**131**	**83**	**213**	**147**	**128**	**135**	**235**	**178**	**134**	**259**
客房部门盈利(亏损)	**607**	**339**	**293**	**673**	**401**	**363**	**302**	**759**	**529**	**348**	**878**
以占部门收入百分比计算											
客房收入	**100.0%**	**100.0%**	**100.0%**	**100.0%**	**100.0%**	**100.0%**	**100.0%**	**100.0%**	**100.0%**	**100.0%**	**100.0%**
工资及相关开支	10.9%	13.4%	13.1%	10.4%	13.6%	12.6%	14.7%	10.3%	11.5%	13.8%	8.9%
其他开支	13.6%	14.6%	9.9%	13.7%	13.4%	13.4%	15.5%	13.4%	13.8%	14.1%	13.7%
客房部门开支合计	**24.5%**	**27.8%**	**21.9%**	**24.1%**	**26.8%**	**26.0%**	**30.9%**	**23.7%**	**25.3%**	**27.8%**	**22.8%**
客房部门盈利(亏损)	**75.5%**	**72.2%**	**78.1%**	**75.9%**	**73.2%**	**74.0%**	**69.1%**	**76.3%**	**74.7%**	**72.2%**	**77.2%**

备注 Notes:

1. 纵向合计将不会完全符合，所有平均数据只平均为该行提供数据的酒店。
   Vertical totals will not always add up since averages were only based on hotels that contributed data to the specific line item.

TABLE 3 ROOMS DEPARTMENT

	以平均房价分类 By Average Room Rate				以主要市场分类 By Key Market				
	¥ 1,000 以上 Above ¥ 1,000	¥ 701~1,000 Between ¥ 701-1,000	¥ 401~700 Between ¥ 401-700	¥ 400 及以下 Below ¥400	北京 Beijing 五星/5-Star	上海 Shanghai 五星/5-Star	广州 Guangzhou 五星/5-Star	深圳 Shenzhen 五星/5-Star	三亚 Sanya 五星/5-Star
Rooms Department									
Per Available Room	**RMB**	**RMB**	**RMB**	**RMB**	**RMB**	**RMB**	**RMB**	**RMB**	**RMB**
Rooms Revenue	**339,931**	**207,248**	**119,324**	**63,442**	**245,538**	**254,026**	**255,564**	**258,978**	**389,380**
Payroll & Related Expenses	30,758	21,969	15,432	10,103	26,398	25,016	25,944	26,990	27,542
All Other Expenses	46,632	27,444	16,312	9,228	30,668	35,384	35,804	34,530	52,637
Total Rooms Expenses	**77,360**	**49,327**	**31,556**	**19,121**	**57,066**	**60,400**	**61,748**	**61,520**	**86,556**
Rooms Department Profit (Loss)	**262,571**	**157,922**	**87,768**	**44,321**	**188,471**	**193,627**	**193,816**	**197,458**	**302,824**
Per Occupied Room									
Rooms Revenue	**1,441**	**838**	**539**	**332**	**978**	**999**	**977**	**1,048**	**1,546**
Payroll & Related Expenses	130	89	70	53	105	98	99	109	110
All Other Expenses	197	111	74	48	122	139	137	140	211
Total Rooms Expenses	**327**	**199**	**143**	**100**	**227**	**237**	**236**	**249**	**344**
Rooms Department Profit (Loss)	**1,113**	**639**	**396**	**232**	**751**	**763**	**741**	**799**	**1,202**
% of Departmental Revenue									
Rooms Revenue	**100.0%**	**100.0%**	**100.0%**	**100.0%**	**100.0%**	**100.0%**	**100.0%**	**100.0%**	**100.0%**
Payroll & Related Expenses	9.0%	10.6%	12.9%	15.9%	10.8%	9.8%	10.2%	10.4%	7.1%
All Other Expenses	13.7%	13.2%	13.7%	14.5%	12.5%	13.9%	14.0%	13.3%	13.5%
Total Rooms Expenses	**22.8%**	**23.8%**	**26.4%**	**30.1%**	**23.2%**	**23.8%**	**24.2%**	**23.8%**	**22.2%**
Rooms Department Profit (Loss)	**77.2%**	**76.2%**	**73.6%**	**69.9%**	**76.8%**	**76.2%**	**75.8%**	**76.2%**	**77.8%**

	以星级分类 By Star Rating			以管理模式分类 By Management Model				以城市等级分类 By City Category			
	五星 5-Star	四星 4-Star	三星+有限服务 3-Star + Limited Service	国际管理 International 五星/5-Star	国内管理 Domestic 五星/5-Star	国际管理 International 四星/4-Star	国内管理 Domestic 四星/4-Star	一线城市 Tier 1 cities 五星/5-Star	二线城市 Tier 2 cities 五星/5-Star	三线城市 Tier 3 cities 五星/5-Star	目的地度假村 Destination Resort 五星/5-Star
餐饮部门											
以每间可供出租客房计算	(元)	(元)	(元)	(元)	(元)	(元)	(元)	(元)	(元)	(元)	(元)
食品收入	89,146	40,261	17,687	91,729	81,630	35,136	48,529	111,062	89,151	64,954	65,819
饮品收入	4,553	1,019	853	4,696	4,123	766	1,496	8,265	3,797	1,376	3,100
其他收入	24,307	10,422	3,855	26,559	17,609	10,519	10,099	35,495	24,370	12,873	11,174
总餐饮收入	**117,466**	**50,301**	**20,266**	**122,686**	**102,353**	**45,779**	**57,393**	**153,780**	**116,843**	**78,783**	**80,074**
食品直接成本	35,391	17,637	8,554	35,747	34,284	15,040	21,850	41,068	36,379	28,687	25,180
饮品直接成本	1,295	461	592	1,296	1,280	387	588	2,018	1,186	736	734
餐饮直接成本合计	**36,670**	**18,058**	**8,854**	**37,040**	**35,516**	**15,403**	**22,361**	**43,076**	**37,548**	**29,406**	**25,914**
工资及相关开支	36,091	17,914	7,579	38,818	28,261	16,734	19,868	49,253	34,045	23,371	28,293
其他开支	12,203	5,180	2,219	12,886	10,138	4,790	5,721	18,312	11,284	7,683	7,191
工资及其他开支合计	**48,295**	**23,094**	**9,798**	**51,704**	**38,399**	**21,523**	**25,589**	**67,565**	**45,330**	**31,055**	**35,484**
餐饮部门开支合计	**84,873**	**40,710**	**16,724**	**88,725**	**73,664**	**36,709**	**47,052**	**110,641**	**82,792**	**60,354**	**62,688**
餐饮部门盈利(亏损)	**32,593**	**9,591**	**3,541**	**33,961**	**28,689**	**9,070**	**10,340**	**43,139**	**34,051**	**18,429**	**17,386**
以每间实际入住客房计算											
食品收入	397	186	79	400	388	165	218	439	398	335	336
饮品收入	20	5	4	20	20	4	7	33	17	7	16
其他收入	108	48	18	116	84	49	45	141	109	66	57
总餐饮收入	**523**	**232**	**91**	**535**	**486**	**215**	**257**	**608**	**522**	**406**	**408**
食品直接成本	158	81	38	156	163	70	98	162	162	148	128
饮品直接成本	6	2	3	6	6	2	3	8	5	4	4
餐饮直接成本合计	**163**	**83**	**40**	**161**	**169**	**72**	**100**	**170**	**168**	**152**	**132**
工资及相关开支	161	83	34	169	134	78	89	194	152	120	145
其他开支	54	24	10	56	48	22	26	72	50	40	37
工资及其他开支合计	**215**	**106**	**45**	**225**	**182**	**101**	**115**	**267**	**202**	**160**	**182**
餐饮部门开支合计	**378**	**188**	**74**	**386**	**350**	**172**	**211**	**437**	**370**	**311**	**320**
餐饮部门盈利(亏损)	**145**	**44**	**16**	**148**	**136**	**43**	**46**	**171**	**152**	**95**	**89**
以占部门收入百分比计算											
食品收入	75.5%	77.9%	79.0%	74.6%	79.0%	75.7%	80.7%	71.7%	76.0%	82.0%	82.2%
饮品收入	3.9%	2.0%	3.8%	3.8%	4.0%	1.6%	2.5%	5.3%	3.2%	1.7%	3.9%
其他收入	20.6%	20.2%	17.2%	21.6%	17.0%	22.7%	16.8%	22.9%	20.8%	16.3%	14.0%
总餐饮收入	**100.0%**	**100.0%**	**100.0%**	**100.0%**	**100.0%**	**100.0%**	**100.0%**	**100.0%**	**100.0%**	**100.0%**	**100.0%**
食品直接成本	39.7%	43.8%	48.4%	39.0%	42.0%	42.8%	45.0%	37.0%	40.8%	44.2%	38.3%
饮品直接成本	28.4%	45.3%	69.4%	27.6%	31.1%	50.6%	39.3%	24.4%	31.2%	53.5%	23.7%
餐饮直接成本合计	**39.1%**	**43.7%**	**47.8%**	**38.4%**	**41.4%**	**42.9%**	**44.7%**	**36.1%**	**40.4%**	**44.3%**	**37.6%**
工资及相关开支	30.7%	35.6%	37.4%	31.6%	27.6%	36.6%	34.6%	32.0%	29.1%	29.7%	35.3%
其他开支	10.4%	10.3%	11.0%	10.5%	9.9%	10.5%	10.0%	11.9%	9.7%	9.8%	9.0%
工资及其他开支合计	**41.1%**	**45.9%**	**48.3%**	**42.1%**	**37.5%**	**47.0%**	**44.6%**	**43.9%**	**38.8%**	**39.4%**	**44.3%**
餐饮部门开支合计	**72.3%**	**80.9%**	**82.5%**	**72.3%**	**72.0%**	**80.2%**	**82.0%**	**71.9%**	**70.9%**	**76.6%**	**78.3%**
餐饮部门盈利(亏损)	**27.7%**	**19.1%**	**17.5%**	**27.7%**	**28.0%**	**19.8%**	**18.0%**	**28.1%**	**29.1%**	**23.4%**	**21.7%**

备注 Notes:

1. 纵向合计将不会完全符合，所有平均数据只平均为该行提供数据的酒店。
   Vertical totals will not always add up since averages were only based on hotels that contributed data to the specific line item.

TABLE 4 FOOD & BEVERAGE DEPARTMENT

	以平均房价分类 By Average Room Rate				以主要市场分类 By Key Market				
	¥ 1,000 以上 Above ¥ 1,000	¥ 701~1,000 Between ¥ 701-1,000	¥ 401~700 Between ¥ 401-700	¥ 400 及以下 Below ¥ 400	北京 Beijing 五星/5-Star	上海 Shanghai 五星/5-Star	广州 Guangzhou 五星/5-Star	深圳 Shenzhen 五星/5-Star	三亚 Sanya 五星/5-Star
Food & Beverage Department									
Per Available Room	**RMB**	**RMB**	**RMB**	**RMB**	**RMB**	**RMB**	**RMB**	**RMB**	**RMB**
Food Revenue	136,340	92,782	61,724	38,940	86,653	106,784	140,489	139,314	98,662
Beverage Revenue	11,792	3,228	1,694	2,046	6,272	7,280	11,143	11,437	6,014
Other Revenue	38,112	29,113	16,146	8,027	31,185	31,667	44,459	43,468	15,784
Total F&B Revenue	**185,506**	**124,825**	**78,417**	**47,062**	**123,147**	**144,551**	**196,091**	**192,365**	**120,460**
Food Cost	49,537	37,220	26,020	17,101	32,493	37,526	55,348	50,915	34,915
Beverage Cost	2,883	941	736	581	1,531	1,772	3,360	2,004	1,260
Total Cost of Goods Sold	**52,393**	**38,159**	**26,721**	**17,573**	**34,000**	**39,298**	**58,709**	**52,919**	**36,175**
Payroll & Related Expenses	58,931	38,698	24,902	14,387	46,560	47,954	55,555	51,130	43,297
All Other Expenses	20,470	12,432	8,146	4,782	13,463	16,095	25,520	16,443	10,002
Total Payroll & Related Expenses	**79,401**	**51,130**	**33,048**	**19,169**	**60,023**	**64,049**	**81,075**	**67,572**	**53,299**
Total F&B Expenses	**131,724**	**89,161**	**59,142**	**36,001**	**94,023**	**103,347**	**139,784**	**129,479**	**92,810**
F&B Department Profit (Loss)	**53,782**	**35,665**	**19,275**	**11,060**	**29,124**	**41,203**	**56,307**	**62,886**	**27,650**
Per Occupied Room									
Food Revenue	578	375	280	205	345	420	538	563	392
Beverage Revenue	50	13	8	11	25	29	43	46	24
Other Revenue	162	118	74	42	124	125	170	177	63
Total F&B Revenue	**787**	**505**	**355**	**247**	**491**	**569**	**751**	**778**	**478**
Food Cost	210	151	118	90	129	147	212	206	139
Beverage Cost	12	4	3	3	6	7	13	8	5
Total Cost of Goods Sold	**222**	**154**	**121**	**92**	**135**	**154**	**225**	**214**	**144**
Payroll & Related Expenses	250	156	113	75	186	188	213	207	171
All Other Expenses	87	50	37	25	54	63	98	67	40
Total Payroll & Related Expenses	**336**	**207**	**150**	**101**	**239**	**251**	**310**	**274**	**211**
Total F&B Expenses	**558**	**361**	**267**	**188**	**375**	**405**	**535**	**524**	**368**
F&B Department Profit (Loss)	**229**	**144**	**87**	**58**	**116**	**163**	**216**	**254**	**110**
% of Departmental Revenue									
Food Revenue	73.2%	74.2%	77.6%	79.4%	69.8%	73.3%	71.6%	71.7%	81.9%
Beverage Revenue	6.3%	2.6%	2.1%	4.2%	5.1%	5.0%	5.7%	5.9%	5.0%
Other Revenue	20.5%	23.3%	20.3%	16.4%	25.1%	21.7%	22.7%	22.4%	13.1%
Total F&B Revenue	**100.0%**	**100.0%**	**100.0%**	**100.0%**	**100.0%**	**100.0%**	**100.0%**	**100.0%**	**100.0%**
Food Cost	36.3%	40.1%	42.2%	43.9%	37.5%	35.1%	39.4%	36.5%	35.4%
Beverage Cost	24.4%	29.2%	43.4%	28.4%	24.4%	24.3%	30.2%	17.5%	21.0%
Total Cost of Goods Sold	**35.4%**	**39.7%**	**42.1%**	**42.9%**	**36.6%**	**34.5%**	**38.7%**	**35.1%**	**34.6%**
Payroll & Related Expenses	31.8%	31.0%	31.8%	30.6%	37.8%	33.2%	28.3%	26.6%	35.9%
All Other Expenses	11.0%	10.0%	10.4%	10.2%	10.9%	11.1%	13.0%	8.5%	8.3%
Total Payroll & Related Expenses	**42.8%**	**41.0%**	**42.1%**	**40.7%**	**48.7%**	**44.3%**	**41.3%**	**35.1%**	**44.2%**
Total F&B Expenses	**71.0%**	**71.4%**	**75.4%**	**76.5%**	**76.4%**	**71.5%**	**71.3%**	**67.3%**	**77.0%**
F&B Department Profit (Loss)	**29.0%**	**28.6%**	**24.6%**	**23.5%**	**23.6%**	**28.5%**	**28.7%**	**32.7%**	**23.0%**

表 5　水疗 / 健身部门及其他营运部门

	以星级分类 By Star Rating			以管理模式分类 By Management Model				以城市等级分类 By City Category			
	五星 5-Star	四星 4-Star	三星+有限服务 3-Star + Limited Service	国际管理 International 五星/5-Star	国内管理 Domestic 五星/5-Star	国际管理 International 四星/4-Star	国内管理 Domestic 四星/4-Star	一线城市 Tier 1 cities 五星/5-Star	二线城市 Tier 2 cities 五星/5-Star	三线城市 Tier 3 cities 五星/5-Star	目的地度假村 Destination Resort 五星/5-Star
SPA及健身部门											
以每间可供出租客房计算	（元）	（元）	（元）	（元）	（元）	（元）	（元）	（元）	（元）	（元）	（元）
部门收入	**4,670**	**2,664**	**891**	**4,640**	**4,814**	**1,749**	**4,749**	**6,340**	**3,861**	**2,658**	**6,303**
直接成本	410	258	26	330	823	167	647	622	252	352	714
工资及相关开支	3,008	1,730	639	3,112	2,546	1,394	2,681	3,580	2,376	1,799	5,029
其他开支	1,021	459	141	986	1,188	300	611	1,280	609	447	1,630
部门开支合计	**4,124**	**2,390**	**800**	**4,146**	**4,059**	**1,614**	**4,248**	**5,069**	**3,014**	**2,265**	**8,382**
部门盈利(亏损)	**546**	**274**	**91**	**494**	**755**	**135**	**501**	**1,271**	**848**	**393**	**(2,079)**
以每间实际入住客房计算											
部门收入	**20**	**12**	**4**	**20**	**22**	**8**	**23**	**25**	**17**	**13**	**31**
直接成本	2	1	0	1	4	1	3	2	1	2	4
工资及相关开支	13	8	3	14	11	6	13	14	11	9	26
其他开支	4	2	1	4	5	1	3	5	3	2	8
部门开支合计	**18**	**11**	**4**	**18**	**18**	**7**	**21**	**19**	**13**	**11**	**42**
部门盈利(亏损)	**2**	**1**	**0**	**2**	**3**	**1**	**2**	**5**	**4**	**2**	**(11)**
以占部门收入百分比计算											
部门收入	**100.0%**	**100.0%**	**100.0%**	**100.0%**	**100.0%**	**100.0%**	**100.0%**	**100.0%**	**100.0%**	**100.0%**	**100.0%**
直接成本	8.8%	9.7%	2.9%	7.1%	17.1%	9.6%	13.6%	9.8%	6.5%	13.2%	11.3%
工资及相关开支	64.4%	65.0%	71.7%	67.1%	52.9%	79.7%	56.5%	56.5%	61.5%	67.7%	79.8%
其他开支	21.9%	17.2%	15.8%	21.2%	24.7%	17.2%	12.9%	20.2%	15.8%	16.8%	25.9%
部门开支合计	**88.3%**	**89.7%**	**89.8%**	**89.4%**	**84.3%**	**92.3%**	**89.5%**	**80.0%**	**78.0%**	**85.2%**	**133.0%**
部门盈利(亏损)	**11.7%**	**10.3%**	**10.2%**	**10.6%**	**15.7%**	**7.7%**	**10.5%**	**20.0%**	**22.0%**	**14.8%**	**(33.0%)**
其他营运部门											
以每间可供出租客房计算	（元）	（元）	（元）	（元）	（元）	（元）	（元）	（元）	（元）	（元）	（元）
部门收入	**7,879**	**7,546**	**6,997**	**5,076**	**14,088**	**2,329**	**14,716**	**15,284**	**5,129**	**3,156**	**3,067**
直接成本	1,747	1,373	1,876	1,194	3,757	794	2,181	2,075	1,626	1,107	2,178
工资及相关开支	3,117	3,357	3,088	2,378	4,795	1,534	4,416	4,509	2,683	2,209	2,949
其他开支	1,015	2,498	3,736	367	3,008	252	3,880	1,213	1,050	1,174	215
部门开支合计	**4,680**	**5,307**	**5,293**	**3,074**	**8,776**	**1,719**	**8,979**	**6,161**	**4,291**	**3,376**	**4,459**
部门盈利(亏损)	**3,199**	**2,239**	**1,703**	**2,003**	**5,312**	**611**	**5,736**	**9,122**	**838**	**(220)**	**(1,392)**
以每间实际入住客房计算											
部门收入	**35**	**34**	**33**	**22**	**67**	**11**	**66**	**60**	**23**	**16**	**16**
直接成本	8	6	9	5	18	4	10	8	7	6	11
工资及相关开支	14	15	15	10	23	7	20	18	12	11	15
其他开支	4	11	17	2	14	1	17	5	5	6	1
部门开支合计	**21**	**24**	**23**	**13**	**42**	**8**	**40**	**24**	**19**	**17**	**22**
部门盈利(亏损)	**14**	**10**	**10**	**9**	**25**	**3**	**26**	**36**	**4**	**(1)**	**(7)**
以占部门收入百分比计算											
部门收入	**100.0%**	**100.0%**	**100.0%**	**100.0%**	**100.0%**	**100.0%**	**100.0%**	**100.0%**	**100.0%**	**100.0%**	**100.0%**
直接成本	22.2%	18.2%	26.8%	23.5%	26.7%	34.1%	14.8%	13.6%	31.7%	35.1%	71.0%
工资及相关开支	39.6%	44.5%	44.1%	46.8%	34.0%	65.8%	30.0%	29.5%	52.3%	70.0%	96.1%
其他开支	12.9%	33.1%	53.4%	7.2%	21.3%	10.8%	26.4%	7.9%	20.5%	37.2%	7.0%
部门开支合计	**59.4%**	**70.3%**	**75.7%**	**60.6%**	**62.3%**	**73.8%**	**61.0%**	**40.3%**	**83.7%**	**107.0%**	**145.4%**
部门盈利(亏损)	**40.6%**	**29.7%**	**24.3%**	**39.4%**	**37.7%**	**26.2%**	**39.0%**	**59.7%**	**16.3%**	**(7.0%)**	**(45.4%)**

备注 Notes:

1. 纵向合计将不会完全符合，所有平均数据只平均为该行提供数据的酒店。
   Vertical totals will not always add up since averages were only based on hotels that contributed data to the specific line item.

TABLE 5 SPA / FITNESS CENTER & OTHER OPERATED DEPARTMENTS

	以平均房价分类 By Average Room Rate				以主要市场分类 By Key Market				
	¥ 1,000 以上 Above ¥ 1,000	¥ 701~1,000 Between ¥ 701-1,000	¥ 401~700 Between ¥ 401-700	¥ 400 及以下 Below ¥400	北京 Beijing 五星/5-Star	上海 Shanghai 五星/5-Star	广州 Guangzhou 五星/5-Star	深圳 Shenzhen 五星/5-Star	三亚 Sanya 五星/5-Star
SPA & Fitness Center									
Per Available Room	**RMB**	**RMB**	**RMB**	**RMB**	**RMB**	**RMB**	**RMB**	**RMB**	**RMB**
Departmental Revenue	**8,362**	**4,032**	**2,915**	**2,662**	**6,411**	**4,831**	**6,002**	**5,883**	**6,888**
Cost of Sales	673	267	345	155	522	329	365	320	942
Payroll & Related Expenses	5,532	2,754	1,820	1,493	3,661	3,102	3,427	3,956	8,332
All Other Expenses	2,081	720	627	485	947	842	969	904	2,221
Total Departmental Expenses	**7,919**	**3,441**	**2,569**	**1,941**	**4,802**	**3,994**	**4,499**	**4,721**	**10,874**
Departmental Profit (Loss)	**443**	**590**	**346**	**721**	**1,609**	**837**	**1,503**	**1,162**	**(3,986)**
Per Occupied Room									
Departmental Revenue	**36**	**16**	**14**	**14**	**26**	**19**	**22**	**23**	**27**
Cost of Sales	3	1	2	1	2	1	1	1	4
Payroll & Related Expenses	23	11	9	8	15	12	12	15	34
All Other Expenses	9	3	3	3	4	3	4	4	9
Total Departmental Expenses	**34**	**14**	**12**	**11**	**19**	**15**	**16**	**19**	**44**
Departmental Profit (Loss)	**2**	**2**	**2**	**4**	**7**	**3**	**5**	**5**	**(18)**
% of Departmental Revenue									
Departmental Revenue	**100.0%**	**100.0%**	**100.0%**	**100.0%**	**100.0%**	**100.0%**	**100.0%**	**100.0%**	**100.0%**
Cost of Sales	8.1%	6.6%	11.8%	5.8%	8.1%	6.8%	6.1%	5.4%	13.7%
Payroll & Related Expenses	66.2%	68.3%	62.4%	56.1%	57.1%	64.2%	57.1%	67.3%	121.0%
All Other Expenses	24.9%	17.9%	21.5%	18.2%	14.8%	17.4%	16.1%	15.4%	32.3%
Total Departmental Expenses	**94.7%**	**85.4%**	**88.1%**	**72.9%**	**74.9%**	**82.7%**	**75.0%**	**80.2%**	**157.9%**
Departmental Profit (Loss)	**5.3%**	**14.6%**	**11.9%**	**27.1%**	**25.1%**	**17.3%**	**25.0%**	**19.8%**	**(57.9%)**
Other Operated Departments									
Per Available Room	**RMB**	**RMB**	**RMB**	**RMB**	**RMB**	**RMB**	**RMB**	**RMB**	**RMB**
Departmental Revenue	**10,754**	**7,355**	**7,125**	**6,769**	**21,578**	**9,187**	**21,957**	**8,210**	**3,057**
Cost of Sales	2,153	1,132	1,354	1,768	1,561	1,303	1,685	2,647	1,193
Payroll & Related Expenses	4,848	2,971	2,875	2,868	4,970	4,343	4,638	3,928	4,552
All Other Expenses	777	1,511	1,370	1,893	1,313	901	1,623	1,280	(724)
Total Departmental Expenses	**5,920**	**4,483**	**4,370**	**4,499**	**5,733**	**5,080**	**7,291**	**5,681**	**4,739**
Departmental Profit (Loss)	**4,834**	**2,873**	**2,754**	**2,270**	**15,845**	**4,107**	**14,666**	**2,529**	**(1,683)**
Per Occupied Room									
Departmental Revenue	**45**	**30**	**32**	**36**	**86**	**36**	**84**	**33**	**12**
Cost of Sales	9	5	6	9	6	5	6	11	5
Payroll & Related Expenses	20	12	13	15	20	17	18	15	18
All Other Expenses	3	6	6	10	5	4	6	5	(3)
Total Departmental Expenses	**25**	**18**	**20**	**24**	**23**	**20**	**28**	**23**	**19**
Departmental Profit (Loss)	**20**	**12**	**12**	**12**	**63**	**16**	**56**	**10**	**(7)**
% of Departmental Revenue									
Departmental Revenue	**100.0%**	**100.0%**	**100.0%**	**100.0%**	**100.0%**	**100.0%**	**100.0%**	**100.0%**	**100.0%**
Cost of Sales	20.0%	15.4%	19.0%	26.1%	7.2%	14.2%	7.7%	32.2%	39.0%
Payroll & Related Expenses	45.1%	40.4%	40.4%	42.4%	23.0%	47.3%	21.1%	47.8%	148.9%
All Other Expenses	7.2%	20.5%	19.2%	28.0%	6.1%	9.8%	7.4%	15.6%	(23.7%)
Total Departmental Expenses	**55.0%**	**60.9%**	**61.3%**	**66.5%**	**26.6%**	**55.3%**	**33.2%**	**69.2%**	**155.0%**
Departmental Profit (Loss)	**45.0%**	**39.1%**	**38.7%**	**33.5%**	**73.4%**	**44.7%**	**66.8%**	**30.8%**	**(55.0%)**

表 6　未分配经营开支

	以星级分类 By Star Rating			以管理模式分类 By Management Model				以城市等级分类 By City Category			
	五星 5-Star	四星 4-Star	三星+有限服务 3-Star + Limited Service	国际管理 International 五星/5-Star	国内管理 Domestic 五星/5-Star	国际管理 International 四星/4-Star	国内管理 Domestic 四星/4-Star	一线城市 Tier 1 cities 五星/5-Star	二线城市 Tier 2 cities 五星/5-Star	三线城市 Tier 3 cities 五星/5-Star	目的地度假村 Destination Resort 五星/5-Star
行政及一般开支											
以每间可供出租客房计算	（元）	（元）	（元）	（元）	（元）	（元）	（元）	（元）	（元）	（元）	（元）
工资及相关开支	20,134	13,646	8,609	20,777	18,461	12,092	16,399	26,989	18,613	14,010	18,685
其他开支	7,966	5,623	4,402	8,328	7,120	5,437	5,840	11,246	7,331	4,760	7,507
部门开支合计	**27,981**	**19,082**	**12,179**	**28,993**	**25,449**	**17,426**	**21,891**	**38,190**	**25,874**	**18,526**	**25,988**
以每间实际入住客房计算											
工资及相关开支	90	63	39	90	87	57	74	106	83	72	95
其他开支	35	26	20	36	34	25	26	44	33	24	38
部门开支合计	**124**	**88**	**55**	**126**	**121**	**82**	**98**	**151**	**115**	**95**	**132**
以占总收入百分比计算											
工资及相关开支	6.4%	8.3%	7.5%	6.1%	7.6%	7.8%	9.1%	6.2%	6.5%	7.8%	5.9%
其他开支	2.5%	3.4%	3.8%	2.5%	2.9%	3.5%	3.3%	2.6%	2.5%	2.6%	2.4%
部门开支合计	**8.9%**	**11.6%**	**10.6%**	**8.6%**	**10.4%**	**11.2%**	**12.2%**	**8.8%**	**9.0%**	**10.3%**	**8.2%**
信息及通信系统											
以每间可供出租客房计算	（元）	（元）	（元）	（元）	（元）	（元）	（元）	（元）	（元）	（元）	（元）
工资及相关开支	1,552	903	438	1,639	908	906	775	2,083	1,408	1,085	1,397
其他开支	3,934	2,672	1,456	4,415	1,155	2,933	1,350	5,349	3,529	2,694	3,729
部门开支合计	**5,371**	**3,359**	**1,562**	**6,011**	**1,789**	**3,650**	**1,902**	**7,346**	**4,837**	**3,635**	**4,966**
以每间实际入住客房计算											
工资及相关开支	7	4	2	7	4	4	3	8	6	6	7
其他开支	17	12	7	19	5	14	6	21	16	14	19
部门开支合计	**24**	**16**	**7**	**26**	**8**	**17**	**8**	**29**	**21**	**19**	**25**
以占总收入百分比计算											
工资及相关开支	0.5%	0.5%	0.4%	0.5%	0.4%	0.6%	0.4%	0.5%	0.5%	0.6%	0.4%
其他开支	1.3%	1.6%	1.3%	1.3%	0.5%	1.9%	0.8%	1.2%	1.2%	1.5%	1.2%
部门开支合计	**1.7%**	**2.0%**	**1.4%**	**1.8%**	**0.7%**	**2.4%**	**1.1%**	**1.7%**	**1.7%**	**2.0%**	**1.6%**

备注 Notes:

1. 纵向合计将不会完全符合，所有平均数据只平均为该行提供数据的酒店。
   Vertical totals will not always add up since averages were only based on hotels that contributed data to the specific line item.

TABLE 6 UNDISTRIBUTED OPERATING EXPENSES

	以平均房价分类 By Average Room Rate				以主要市场分类 By Key Market				
	¥ 1,000 以上 Above ¥ 1,000	¥ 701~1,000 Between ¥ 701-1,000	¥ 401~700 Between ¥ 401-700	¥ 400 及以下 Below ¥ 400	北京 Beijing 五星/5-Star	上海 Shanghai 五星/5-Star	广州 Guangzhou 五星/5-Star	深圳 Shenzhen 五星/5-Star	三亚 Sanya 五星/5-Star
Administration & General									
Per Available Room	RMB	RMB	RMB	RMB	RMB	RMB	RMB	RMB	RMB
Payroll & Related Expenses	30,080	21,296	16,294	10,029	30,027	25,466	27,335	23,499	24,880
All Other Expenses	12,335	8,410	6,590	3,956	10,348	10,493	12,572	11,979	9,463
Total Departmental Expenses	**42,333**	**29,694**	**22,705**	**13,694**	**40,316**	**35,838**	**39,908**	**35,478**	**35,655**
Per Occupied Room									
Payroll & Related Expenses	127	86	74	53	119	100	105	95	100
All Other Expenses	52	34	30	21	41	41	48	48	38
Total Departmental Expenses	**179**	**120**	**103**	**72**	**160**	**141**	**153**	**144**	**142**
% of Total Revenue									
Payroll & Related Expenses	5.5%	6.1%	7.7%	8.4%	7.3%	6.1%	5.6%	5.0%	4.7%
All Other Expenses	2.2%	2.4%	3.1%	3.3%	2.5%	2.5%	2.6%	2.6%	1.8%
Total Departmental Expenses	**7.7%**	**8.5%**	**10.8%**	**11.4%**	**9.8%**	**8.5%**	**8.2%**	**7.6%**	**6.8%**
Information & Telecommunications									
Per Available Room	RMB	RMB	RMB	RMB	RMB	RMB	RMB	RMB	RMB
Payroll & Related Expenses	2,384	1,586	1,049	754	2,095	2,167	1,977	1,975	1,863
All Other Expenses	5,893	4,198	2,992	1,620	4,918	5,462	5,447	5,714	5,039
Total Departmental Expenses	**8,244**	**5,743**	**3,879**	**2,117**	**6,914**	**7,565**	**7,240**	**7,687**	**6,902**
Per Occupied Room									
Payroll & Related Expenses	10	6	5	4	8	8	7	8	7
All Other Expenses	25	17	14	9	19	21	21	23	20
Total Departmental Expenses	**35**	**23**	**18**	**11**	**27**	**30**	**28**	**31**	**27**
% of Total Revenue									
Payroll & Related Expenses	0.4%	0.5%	0.5%	0.6%	0.5%	0.5%	0.4%	0.4%	0.4%
All Other Expenses	1.1%	1.2%	1.4%	1.4%	1.2%	1.3%	1.1%	1.2%	1.0%
Total Departmental Expenses	**1.5%**	**1.6%**	**1.8%**	**1.8%**	**1.7%**	**1.8%**	**1.5%**	**1.6%**	**1.3%**

表 6　未分配经营开支（续）

	以星级分类 By Star Rating			以管理模式分类 By Management Model				以城市等级分类 By City Category			
	五星 5-Star	四星 4-Star	三星+有限服务 3-Star + Limited Service	国际管理 International 五星/5-Star	国内管理 Domestic 五星/5-Star	国际管理 International 四星/4-Star	国内管理 Domestic 四星/4-Star	一线城市 Tier 1 cities 五星/5-Star	二线城市 Tier 2 cities 五星/5-Star	三线城市 Tier 3 cities 五星/5-Star	目的地度假村 Destination Resort 五星/5-Star
市场推广及营销											
以每间可供出租客房计算	（元）	（元）	（元）	（元）	（元）	（元）	（元）	（元）	（元）	（元）	（元）
工资及相关开支	7,805	4,914	3,215	8,437	5,990	4,595	5,489	10,779	7,305	4,917	6,557
品牌系统市场推广费用	3,820	1,675	1,421	4,077	2,315	1,700	1,600	5,215	3,280	2,285	4,501
特许加盟费	4,160	2,148	3,972	4,279	1,365	2,039	2,560	5,487	3,894	2,044	3,283
其他开支	5,336	2,494	1,930	6,250	2,680	2,960	1,628	8,002	4,656	3,012	4,418
部门开支合计	**16,370**	**8,517**	**5,714**	**18,775**	**9,517**	**8,977**	**7,728**	**23,210**	**14,855**	**9,618**	**14,519**
以每间实际入住客房计算											
工资及相关开支	35	23	15	37	28	22	25	43	33	25	33
品牌系统市场推广费用	17	8	7	18	11	8	7	21	14	12	23
特许加盟费	18	10	19	18	7	9	12	22	16	11	20
其他开支	24	12	9	27	13	14	7	32	21	15	23
部门开支合计	**73**	**39**	**26**	**82**	**45**	**42**	**35**	**92**	**66**	**50**	**74**
以占总收入百分比计算											
工资及相关开支	2.5%	3.0%	2.8%	2.5%	2.5%	3.0%	3.1%	2.5%	2.5%	2.7%	2.1%
品牌系统市场推广费用	1.2%	1.0%	1.2%	1.2%	0.9%	1.1%	0.9%	1.2%	1.1%	1.3%	1.4%
特许加盟费	1.3%	1.3%	3.5%	1.3%	0.6%	1.3%	1.4%	1.3%	1.4%	1.1%	1.0%
其他开支	1.7%	1.5%	1.7%	1.8%	1.1%	1.9%	0.9%	1.8%	1.6%	1.7%	1.4%
部门开支合计	**5.2%**	**5.2%**	**5.0%**	**5.5%**	**3.9%**	**5.8%**	**4.3%**	**5.3%**	**5.2%**	**5.3%**	**4.6%**
物业营运及保养											
以每间可供出租客房计算	（元）	（元）	（元）	（元）	（元）	（元）	（元）	（元）	（元）	（元）	（元）
工资及相关开支	6,521	4,568	3,184	6,850	5,536	4,226	5,184	8,630	5,892	4,407	7,097
其他开支	7,858	4,463	3,048	8,403	6,229	4,087	5,126	12,200	6,247	4,391	9,335
部门开支合计	**14,277**	**8,868**	**5,710**	**15,217**	**11,516**	**8,253**	**9,967**	**20,770**	**12,039**	**8,733**	**16,250**
以每间实际入住客房计算											
工资及相关开支	29	21	14	30	26	20	23	34	26	23	36
其他开支	35	21	14	37	30	19	23	48	28	23	48
部门开支合计	**64**	**41**	**25**	**66**	**55**	**39**	**45**	**82**	**54**	**45**	**83**
以占总收入百分比计算											
工资及相关开支	2.1%	2.8%	2.8%	2.0%	2.3%	2.7%	2.9%	2.0%	2.0%	2.4%	2.3%
其他开支	2.5%	2.7%	2.7%	2.5%	2.5%	2.6%	2.9%	2.8%	2.2%	2.4%	3.0%
部门开支合计	**4.5%**	**5.4%**	**5.0%**	**4.5%**	**4.7%**	**5.3%**	**5.6%**	**4.8%**	**4.2%**	**4.8%**	**5.2%**

备注 Notes:

1. 纵向合计将不会完全符合，所有平均数据只平均为该行提供数据的酒店。
   Vertical totals will not always add up since averages were only based on hotels that contributed data to the specific line item.

	以平均房价分类 By Average Room Rate				以主要市场分类 By Key Market				
	¥ 1,000 以上 Above ¥ 1,000	¥ 701~1,000 Between ¥ 701-1,000	¥ 401~700 Between ¥ 401-700	¥ 400 及以下 Below ¥ 400	北京 Beijing 五星/5-Star	上海 Shanghai 五星/5-Star	广州 Guangzhou 五星/5-Star	深圳 Shenzhen 五星/5-Star	三亚 Sanya 五星/5-Star
Marketing									
Per Available Room	**RMB**	**RMB**	**RMB**	**RMB**	**RMB**	**RMB**	**RMB**	**RMB**	**RMB**
Payroll & Related Expenses	12,021	8,527	6,029	3,621	10,967	11,137	9,905	10,809	9,943
Centralized Chain Marketing	7,271	3,944	2,232	1,260	4,978	5,576	4,843	5,223	7,237
Franchise Fees	7,427	3,835	2,548	2,108	3,804	6,271	6,853	5,520	8,319
All Other Expenses	10,191	6,056	3,310	1,552	6,533	8,782	8,146	9,383	8,638
Total Departmental Expenses	**29,381**	**18,007**	**11,044**	**5,888**	**21,321**	**24,906**	**22,033**	**25,234**	**24,410**
Per Occupied Room									
Payroll & Related Expenses	51	34	27	19	44	44	38	44	39
Centralized Chain Marketing	30	16	10	7	20	22	19	20	29
Franchise Fees	30	16	11	11	18	22	26	20	57
All Other Expenses	43	24	15	8	26	34	31	38	34
Total Departmental Expenses	**124**	**73**	**50**	**31**	**85**	**98**	**84**	**103**	**98**
% of Total Revenue									
Payroll & Related Expenses	2.2%	2.4%	2.9%	3.0%	2.7%	2.7%	2.0%	2.3%	1.9%
Centralized Chain Marketing	1.3%	1.1%	1.1%	1.1%	1.2%	1.3%	1.0%	1.1%	1.4%
Franchise Fees	1.4%	1.1%	1.2%	1.8%	0.9%	1.5%	1.4%	1.2%	1.6%
All Other Expenses	1.9%	1.7%	1.6%	1.3%	1.6%	2.1%	1.7%	2.0%	1.6%
Total Departmental Expenses	**5.3%**	**5.1%**	**5.2%**	**4.9%**	**5.2%**	**5.9%**	**4.5%**	**5.4%**	**4.6%**
Property Operations & Maintenance									
Per Available Room	**RMB**	**RMB**	**RMB**	**RMB**	**RMB**	**RMB**	**RMB**	**RMB**	**RMB**
Payroll & Related Expenses	9,807	6,871	5,231	3,504	9,174	8,067	9,062	8,426	9,846
All Other Expenses	14,143	8,636	5,171	3,388	15,823	10,611	12,181	8,521	14,422
Total Departmental Expenses	**23,842**	**15,476**	**10,268**	**6,664**	**24,861**	**18,640**	**21,222**	**16,939**	**24,714**
Per Occupied Room									
Payroll & Related Expenses	42	28	24	18	37	32	35	34	39
All Other Expenses	60	35	23	18	63	42	47	34	58
Total Departmental Expenses	**101**	**63**	**47**	**35**	**99**	**73**	**81**	**69**	**98**
% of Total Revenue									
Payroll & Related Expenses	1.8%	2.0%	2.5%	2.9%	2.2%	1.9%	1.9%	1.8%	1.9%
All Other Expenses	2.6%	2.5%	2.5%	2.8%	3.9%	2.5%	2.5%	1.8%	2.7%
Total Departmental Expenses	**4.3%**	**4.4%**	**4.9%**	**5.6%**	**6.1%**	**4.4%**	**4.4%**	**3.6%**	**4.7%**

表 7　客源构成

	以星级分类 By Star Rating			以管理模式分类 By Management Model				以城市等级分类 By City Category			
	五星 5-Star	四星 4-Star	三星+有限服务 3-Star + Limited Service	国际管理 International 五星/5-Star	国内管理 Domestic 五星/5-Star	国际管理 International 四星/4-Star	国内管理 Domestic 四星/4-Star	一线城市 Tier 1 cities 五星/5-Star	二线城市 Tier 2 cities 五星/5-Star	三线城市 Tier 3 cities 五星/5-Star	目的地度假村 Destination Resort 五星/5-Star
客源构成											
市场分布											
散客 - 商务散客	29.6%	30.2%	32.0%	30.6%	26.3%	32.8%	26.2%	32.1%	31.3%	31.7%	9.3%
散客 - 直接散客	32.2%	28.6%	22.0%	35.2%	23.0%	29.1%	28.1%	35.5%	32.1%	23.1%	33.5%
散客 - 批发/包价散客	8.7%	7.4%	10.7%	8.3%	9.8%	6.4%	9.2%	8.3%	6.7%	6.3%	23.9%
团队 - 酒店店内会议	13.8%	15.0%	11.8%	12.4%	18.1%	13.5%	17.4%	11.8%	15.2%	14.8%	10.9%
团队 - 会议/会展/会奖旅游	3.2%	3.1%	3.2%	3.2%	3.0%	2.9%	3.1%	2.5%	3.6%	3.0%	3.2%
团队 - 旅游团队	3.6%	4.7%	6.6%	2.9%	5.9%	4.9%	4.4%	1.5%	3.1%	5.1%	11.4%
无预订散客	2.9%	4.0%	5.4%	2.8%	3.1%	3.8%	4.3%	2.3%	3.1%	3.5%	2.4%
政府散客	2.9%	3.6%	4.9%	1.6%	7.1%	3.2%	4.2%	1.5%	2.1%	9.6%	3.5%
航空机组人员	0.9%	1.0%	1.0%	0.8%	1.1%	1.0%	1.0%	1.8%	0.6%	0.3%	0.1%
其他	2.4%	2.4%	2.4%	2.2%	2.7%	2.5%	2.1%	2.8%	2.1%	2.7%	1.8%
合计	**100.0%**	**100.0%**	**100.0%**	**100.0%**	**100.0%**	**100.0%**	**100.0%**	**100.0%**	**100.0%**	**100.0%**	**100.0%**
订房渠道											
酒店协议客户	36.2%	40.8%	35.7%	33.0%	46.2%	40.1%	41.5%	33.4%	38.4%	48.6%	18.1%
电话/邮件/上门散客	9.9%	8.9%	8.8%	10.4%	8.5%	8.9%	9.0%	10.5%	10.0%	8.8%	9.2%
酒店社交媒体	2.5%	2.6%	2.1%	2.3%	2.9%	2.4%	2.9%	1.8%	2.1%	2.9%	5.9%
酒店管理集团线上渠道	11.2%	10.7%	18.4%	13.2%	5.1%	13.6%	6.1%	12.5%	11.1%	8.3%	11.5%
酒店管理集团线下渠道	5.6%	5.4%	5.0%	6.0%	4.4%	5.5%	5.2%	6.3%	6.0%	4.4%	2.8%
OTA直连	26.0%	24.3%	22.2%	26.5%	24.5%	21.7%	28.5%	27.0%	25.5%	21.4%	31.3%
非直连分销商（旅行社 / 旅游运营商）	5.2%	5.3%	6.7%	4.4%	7.7%	4.7%	6.3%	3.3%	3.9%	3.8%	19.9%
国际订房系统	3.3%	2.1%	1.3%	4.2%	0.7%	3.1%	0.5%	5.2%	2.9%	1.8%	1.3%
合计	**100.0%**	**100.0%**	**100.0%**	**100.0%**	**100.0%**	**100.0%**	**100.0%**	**100.0%**	**100.0%**	**100.0%**	**100.0%**
以客源国 / 地区计算											
亚洲	**95.1%**	**96.7%**	**96.8%**	**94.4%**	**97.3%**	**95.9%**	**98.1%**	**90.3%**	**96.9%**	**97.0%**	**98.2%**
中国大陆	90.3%	92.3%	91.5%	89.0%	94.1%	91.4%	93.7%	83.3%	92.7%	93.0%	95.6%
中国香港	1.4%	1.2%	1.9%	1.6%	0.9%	1.1%	1.5%	2.2%	1.2%	1.3%	0.8%
印度	0.2%	0.2%	0.3%	0.2%	0.2%	0.2%	0.1%	0.4%	0.1%	0.2%	0.1%
日本	0.6%	0.6%	0.3%	0.6%	0.4%	0.5%	0.9%	0.8%	0.6%	0.3%	0.1%
韩国	0.7%	0.7%	0.6%	0.7%	0.4%	0.8%	0.4%	0.7%	0.7%	0.8%	0.3%
中国台湾	0.7%	0.7%	0.9%	0.7%	0.3%	0.7%	0.6%	0.8%	0.6%	0.5%	0.4%
东南亚	0.8%	0.7%	0.7%	0.9%	0.4%	0.7%	0.6%	1.4%	0.5%	0.4%	0.4%
亚洲其他地区	0.6%	0.5%	0.7%	0.6%	0.4%	0.5%	0.3%	0.8%	0.4%	0.5%	0.6%
北美洲	**1.7%**	**1.0%**	**0.8%**	**2.1%**	**0.5%**	**1.5%**	**0.3%**	**3.5%**	**1.1%**	**0.7%**	**0.5%**
加拿大	0.2%	0.1%	0.2%	0.2%	0.1%	0.2%	0.1%	0.3%	0.1%	0.1%	0.1%
墨西哥	0.0%	0.0%	0.1%	0.1%	0.0%	0.0%	0.0%	0.1%	0.0%	0.1%	0.0%
美国	1.4%	0.8%	0.5%	1.8%	0.4%	1.3%	0.2%	3.0%	0.9%	0.5%	0.4%
中南美洲	**0.3%**	**0.2%**	**0.3%**	**0.3%**	**0.2%**	**0.3%**	**0.2%**	**0.6%**	**0.2%**	**0.3%**	**0.0%**
欧洲	**1.7%**	**1.1%**	**1.1%**	**1.9%**	**0.9%**	**1.4%**	**0.8%**	**3.1%**	**1.1%**	**1.2%**	**0.5%**
中/东欧	0.2%	0.2%	0.3%	0.2%	0.2%	0.2%	0.1%	0.5%	0.1%	0.2%	0.1%
法国	0.2%	0.1%	0.2%	0.2%	0.1%	0.1%	0.1%	0.4%	0.1%	0.1%	0.0%
德国	0.4%	0.3%	0.2%	0.5%	0.1%	0.4%	0.1%	0.7%	0.3%	0.3%	0.1%
意大利	0.2%	0.1%	0.1%	0.2%	0.1%	0.2%	0.1%	0.3%	0.1%	0.1%	0.0%
斯堪的纳维亚	0.0%	0.0%	0.0%	0.0%	0.0%	0.0%	0.0%	0.1%	0.0%	0.0%	0.0%
西班牙	0.1%	0.0%	0.1%	0.1%	0.0%	0.1%	0.0%	0.2%	0.0%	0.1%	0.0%
英国	0.2%	0.2%	0.2%	0.3%	0.1%	0.2%	0.1%	0.4%	0.2%	0.1%	0.1%
欧洲其他地区（含俄罗斯）	0.3%	0.2%	0.1%	0.4%	0.3%	0.3%	0.2%	0.6%	0.2%	0.3%	0.2%
中东	**0.3%**	**0.1%**	**0.1%**	**0.2%**	**0.4%**	**0.1%**	**0.1%**	**0.6%**	**0.1%**	**0.1%**	**0.0%**
非洲	**0.1%**	**0.1%**	**0.2%**	**0.1%**	**0.2%**	**0.1%**	**0.2%**	**0.3%**	**0.1%**	**0.1%**	**0.0%**
澳大利亚	**0.2%**	**0.1%**	**0.3%**	**0.2%**	**0.1%**	**0.2%**	**0.1%**	**0.4%**	**0.1%**	**0.1%**	**0.0%**
新西兰	**0.1%**	**0.0%**	**0.1%**	**0.1%**	**0.1%**	**0.1%**	**0.0%**	**0.1%**	**0.0%**	**0.1%**	**0.0%**
其他	**0.6%**	**0.5%**	**0.3%**	**0.7%**	**0.3%**	**0.5%**	**0.4%**	**1.1%**	**0.4%**	**0.4%**	**0.7%**
总合计	**100.0%**	**100.0%**	**100.0%**	**100.0%**	**100.0%**	**100.0%**	**100.0%**	**100.0%**	**100.0%**	**100.0%**	**100.0%**

TABLE 7 GUEST PROFILE

	以平均房价分类 By Average Room Rate				以主要市场分类 By Key Market				
	¥ 1,000 以上 Above ¥ 1,000	¥ 701~1,000 Between ¥ 701-1,000	¥ 401~700 Between ¥ 401-700	¥ 400 及以下 Below ¥ 400	北京 Beijing 五星/5-Star	上海 Shanghai 五星/5-Star	广州 Guangzhou 五星/5-Star	深圳 Shenzhen 五星/5-Star	三亚 Sanya 五星/5-Star
Guest Profile									
By Market Segmentation									
Transient - Corporate/Business FIT	24.3%	30.3%	32.9%	26.7%	35.4%	33.1%	25.3%	31.9%	3.9%
Transient - Direct FIT	43.7%	37.3%	26.6%	22.9%	31.4%	36.5%	39.7%	36.3%	41.2%
Transient - Wholesale/Package FIT	13.3%	8.7%	7.4%	7.0%	9.0%	7.0%	9.3%	8.7%	33.1%
Group - In-house Meeting	8.9%	11.8%	15.3%	17.2%	11.6%	11.0%	11.7%	13.7%	8.1%
Group - Other MICE	2.2%	3.2%	3.3%	3.4%	1.7%	3.1%	3.0%	2.0%	3.6%
Group - Leisure Group	2.0%	2.3%	3.8%	8.3%	1.7%	1.7%	1.2%	0.6%	5.3%
Other - Walk-in	2.6%	2.8%	3.3%	4.3%	1.7%	2.9%	2.0%	2.7%	2.3%
Other - Government	0.4%	1.0%	3.7%	6.5%	2.2%	0.8%	2.3%	0.9%	0.5%
Other - Airline	0.4%	0.8%	0.8%	1.7%	1.3%	1.7%	3.7%	0.5%	0.2%
Other, Specify	2.1%	2.0%	2.8%	2.0%	3.9%	2.2%	1.9%	2.6%	1.8%
Total	**100.0%**	**100.0%**	**100.0%**	**100.0%**	**100.0%**	**100.0%**	**100.0%**	**100.0%**	**100.0%**
By Source of Advanced Reservation									
Corporate Account	21.4%	30.9%	42.4%	44.6%	38.4%	30.9%	31.4%	31.1%	11.3%
FIT Telephone/Email Booking/Walk-in	11.9%	10.5%	8.7%	9.0%	11.2%	9.9%	10.0%	10.9%	10.0%
Property's Social Media Platform	2.6%	2.5%	2.3%	2.7%	1.1%	1.9%	2.5%	2.3%	8.6%
Hotel Management Group Online Channel	14.9%	12.8%	11.0%	8.9%	11.8%	13.2%	9.7%	16.3%	10.4%
Hotel Management Group Offline Channel	4.7%	7.1%	5.6%	4.3%	6.2%	6.8%	5.7%	6.2%	3.8%
OTA	32.6%	29.0%	23.1%	21.1%	24.7%	28.2%	30.3%	24.5%	37.2%
Wholesaler (Travel Agent / Tour Operator)	6.4%	3.4%	4.5%	8.3%	2.5%	3.3%	5.5%	2.1%	16.9%
Global Distribution System (GDS)	5.6%	3.7%	2.4%	1.0%	4.1%	5.9%	5.0%	6.8%	1.7%
Total	**100.0%**	**100.0%**	**100.0%**	**100.0%**	**100.0%**	**100.0%**	**100.0%**	**100.0%**	**100.0%**
By Country of Origin									
ASIA	**93.1%**	**94.1%**	**96.0%**	**98.3%**	**94.2%**	**87.7%**	**87.1%**	**92.3%**	**98.1%**
China Mainland	87.6%	89.0%	91.2%	94.4%	90.4%	79.5%	77.9%	84.5%	95.8%
Hong Kong SAR, China	2.0%	1.5%	1.3%	1.3%	1.4%	2.0%	2.7%	3.6%	0.6%
India	0.2%	0.2%	0.2%	0.2%	0.1%	0.5%	0.8%	0.3%	0.0%
Japan	0.4%	0.7%	0.6%	0.6%	0.2%	1.2%	0.9%	0.5%	0.1%
Korea	0.4%	0.6%	0.8%	0.5%	0.4%	0.7%	1.0%	0.7%	0.1%
Taiwan Prov., China	0.7%	0.7%	0.7%	0.5%	0.5%	1.1%	0.7%	1.0%	0.3%
South East Asia	1.1%	0.9%	0.7%	0.5%	0.8%	1.7%	1.9%	1.2%	0.2%
Other Asian	0.8%	0.5%	0.5%	0.4%	0.4%	1.1%	1.2%	0.5%	1.0%
NORTH AMERICA	**3.2%**	**2.2%**	**1.0%**	**0.3%**	**2.2%**	**4.6%**	**3.3%**	**3.8%**	**0.5%**
Canada	0.3%	0.2%	0.2%	0.1%	0.3%	0.4%	0.4%	0.4%	0.1%
Mexico	0.1%	0.1%	0.1%	0.0%	0.0%	0.1%	0.2%	0.1%	0.0%
USA	2.9%	1.9%	0.8%	0.3%	2.0%	4.1%	2.7%	3.3%	0.4%
SOUTH & CENTRAL AMERICA	**0.2%**	**0.3%**	**0.3%**	**0.1%**	**0.3%**	**0.6%**	**1.1%**	**0.4%**	**0.0%**
EUROPE	**2.0%**	**2.1%**	**1.5%**	**0.6%**	**2.2%**	**4.3%**	**3.6%**	**1.8%**	**0.6%**
Central/Eastern Europe	0.3%	0.2%	0.2%	0.1%	0.4%	0.5%	0.8%	0.2%	0.1%
France	0.2%	0.2%	0.2%	0.0%	0.2%	0.6%	0.4%	0.3%	0.0%
Germany	0.5%	0.6%	0.3%	0.1%	0.7%	1.1%	0.4%	0.4%	0.1%
Italy	0.2%	0.2%	0.1%	0.1%	0.2%	0.4%	0.3%	0.2%	0.0%
Scandinavia	0.0%	0.0%	0.0%	0.0%	0.0%	0.1%	0.0%	0.0%	0.0%
Spain	0.1%	0.1%	0.1%	0.0%	0.1%	0.3%	0.2%	0.1%	0.0%
United Kingdom	0.3%	0.3%	0.2%	0.1%	0.3%	0.6%	0.4%	0.3%	0.1%
Other Europe (Inc. Russia)	0.4%	0.4%	0.3%	0.1%	0.3%	0.7%	1.1%	0.4%	0.3%
MIDDLE EAST	**0.2%**	**0.3%**	**0.2%**	**0.1%**	**0.2%**	**0.2%**	**2.4%**	**0.3%**	**0.1%**
AFRICA	**0.1%**	**0.2%**	**0.2%**	**0.1%**	**0.2%**	**0.1%**	**0.8%**	**0.2%**	**0.0%**
AUSTRALIA	**0.3%**	**0.2%**	**0.2%**	**0.1%**	**0.2%**	**0.5%**	**0.6%**	**0.2%**	**0.0%**
NEW ZEALAND	**0.1%**	**0.1%**	**0.1%**	**0.0%**	**0.0%**	**0.1%**	**0.2%**	**0.1%**	**0.0%**
OTHERS	**0.8%**	**0.6%**	**0.5%**	**0.4%**	**0.5%**	**1.8%**	**1.1%**	**0.8%**	**0.6%**
GRAND TOTAL	**100.0%**	**100.0%**	**100.0%**	**100.0%**	**100.0%**	**100.0%**	**100.0%**	**100.0%**	**100.0%**

表 8　餐饮统计

	以星级分类 By Star Rating			以管理模式分类 By Management Model				以城市等级分类 By City Category			
	五星 5-Star	四星 4-Star	三星+有限服务 3-Star + Limited Service	国际管理 International 五星/5-Star	国内管理 Domestic 五星/5-Star	国际管理 International 四星/4-Star	国内管理 Domestic 四星/4-Star	一线城市 Tier 1 cities 五星/5-Star	二线城市 Tier 2 cities 五星/5-Star	三线城市 Tier 3 cities 五星/5-Star	目的地度假村 Destination Resort 五星/5-Star
餐饮设施及营运指标											
每间可供出租客房均摊餐位数											
全日咖啡厅	0.54	0.57	0.68	0.55	0.52	0.52	0.66	0.47	0.54	0.60	0.67
中餐厅	0.58	0.66	0.56	0.52	0.74	0.53	0.83	0.49	0.59	0.72	0.55
西餐/特色餐厅	0.29	0.32	N/A	0.28	0.32	0.27	0.34	0.27	0.27	0.33	0.35
大堂吧/酒吧	0.25	0.19	0.18	0.27	0.17	0.18	0.19	0.27	0.26	0.19	0.25
合计	**1.66**	**1.74**	**1.42**	**1.62**	**1.75**	**1.51**	**2.02**	**1.50**	**1.65**	**1.84**	**1.83**
每间可供出租客房均摊宴会/会议设施面积 (平方米)	**6.06**	**4.35**	**2.32**	**5.75**	**6.97**	**3.86**	**5.07**	**5.76**	**6.22**	**6.98**	**4.87**
每间实际入住客房均摊餐位上座数											
全日咖啡厅	1.42	1.29	1.33	1.43	1.39	1.21	1.43	1.19	1.46	1.46	1.87
中餐厅	0.45	0.47	0.58	0.37	0.70	0.40	0.60	0.45	0.42	0.63	0.41
西餐/特色餐厅	0.20	0.30	N/A	0.17	0.36	0.15	0.39	0.18	0.21	0.17	0.29
大堂吧/酒吧	0.18	0.09	0.04	0.20	0.10	0.08	0.10	0.25	0.15	0.10	0.20
客房送餐服务	0.04	0.02	0.02	0.04	0.02	0.02	0.02	0.04	0.03	0.03	0.06
宴会/会议	0.53	0.36	0.23	0.49	0.66	0.34	0.38	0.45	0.56	0.82	0.29
每日每餐位平均上座数											
全日咖啡厅	1.63	1.37	1.24	1.67	1.53	1.40	1.34	1.75	1.69	1.33	1.57
中餐厅	0.49	0.43	0.58	0.47	0.54	0.45	0.43	0.64	0.45	0.48	0.43
西餐/特色餐厅	0.47	0.64	N/A	0.42	0.65	0.38	0.76	0.48	0.49	0.27	0.50
大堂吧/酒吧	0.45	0.30	0.12	0.46	0.35	0.28	0.34	0.66	0.36	0.29	0.44
人均餐饮消费	（元）	（元）	（元）	（元）	（元）	（元）	（元）	（元）	（元）	（元）	（元）
全日咖啡厅	97	67	55	99	88	67	69	121	91	73	93
中餐厅	256	175	133	304	178	191	158	306	267	163	214
西餐/特色餐厅	221	100	N/A	261	126	175	83	313	177	121	227
大堂吧/酒吧	127	69	62	132	87	69	72	149	118	69	105
客房送餐服务	136	79	47	141	104	79	76	174	118	79	141
宴会/会议	359	233	181	399	266	253	202	483	355	210	312
合计(平均)	**180**	**108**	**67**	**191**	**150**	**113**	**102**	**230**	**177**	**127**	**137**

备注 Notes:

1. 纵向合计将不会完全符合，所有平均数据只平均为该行提供数据的酒店。
   Vertical totals will not always add up since averages were only based on hotels that contributed data to the specific line item.

TABLE 8 FOOD & BEVERAGE STATISTICS

	以平均房价分类 By Average Room Rate				以主要市场分类 By Key Market				
	¥ 1,000 以上 Above ¥ 1,000	¥ 701~1,000 Between ¥ 701-1,000	¥ 401~700 Between ¥ 401-700	¥ 400 及以下 Below ¥ 400	北京 Beijing 五星/5-Star	上海 Shanghai 五星/5-Star	广州 Guangzhou 五星/5-Star	深圳 Shenzhen 五星/5-Star	三亚 Sanya 五星/5-Star
Food & Beverage Operation									
Seat Per Available Room									
Coffee Shop	0.57	0.54	0.55	0.57	0.46	0.48	0.45	0.50	0.75
Chinese	0.50	0.48	0.59	0.79	0.41	0.43	0.65	0.55	0.44
Western/Specialty	0.34	0.26	0.26	0.35	0.29	0.24	0.31	0.24	0.36
Lounge/Bar	0.39	0.24	0.20	0.17	0.23	0.28	0.27	0.28	0.27
Total	**1.79**	**1.52**	**1.60**	**1.88**	**1.39**	**1.43**	**1.69**	**1.57**	**1.82**
Function Space Per Available Room (SQM)	**4.97**	**6.45**	**5.38**	**5.09**	**5.97**	**4.68**	**7.20**	**6.13**	**4.61**
Covers Per Occupied Room									
Coffee Shop	1.49	1.38	1.35	1.40	1.17	1.16	1.18	1.30	1.91
Chinese	0.44	0.34	0.46	0.65	0.39	0.30	0.77	0.44	0.27
Western/Specialty	0.24	0.17	0.17	0.43	0.21	0.15	0.18	0.17	0.28
Lounge/Bar	0.37	0.15	0.10	0.07	0.24	0.21	0.30	0.32	0.23
Room Service	0.08	0.03	0.02	0.02	0.04	0.04	0.05	0.06	0.09
Banquet & Function	0.43	0.46	0.51	0.58	0.34	0.50	0.47	0.52	0.11
Seating Turnover Per Day									
Coffee Shop	1.78	1.75	1.53	1.29	1.74	1.67	1.87	1.84	1.78
Chinese	0.60	0.49	0.48	0.42	0.63	0.48	0.85	0.56	0.43
Western/Specialty	0.49	0.48	0.41	0.64	0.51	0.45	0.45	0.54	0.56
Lounge/Bar	0.64	0.45	0.32	0.21	0.72	0.51	0.79	0.77	0.61
Average F&B Check Per Cover	**RMB**	**RMB**	**RMB**	**RMB**	**RMB**	**RMB**	**RMB**	**RMB**	**RMB**
Coffee Shop	141	96	76	61	110	116	136	136	104
Chinese	402	312	204	137	318	377	242	355	305
Western/Specialty	333	200	158	74	291	308	374	295	289
Lounge/Bar	168	103	76	69	143	156	165	130	116
Room Service	176	119	95	62	174	181	167	174	161
Banquet & Function	589	420	284	186	488	458	403	635	745
Total (Average)	**256**	**187**	**140**	**99**	**210**	**235**	**219**	**271**	**166**

	以星级分类 By Star Rating			以管理模式分类 By Management Model				以城市等级分类 By City Category			
	五星 5-Star	四星 4-Star	三星+有限服务 3-Star + Limited Service	国际管理 International 五星/5-Star	国内管理 Domestic 五星/5-Star	国际管理 International 四星/4-Star	国内管理 Domestic 四星/4-Star	一线城市 Tier 1 cities 五星/5-Star	二线城市 Tier 2 cities 五星/5-Star	三线城市 Tier 3 cities 五星/5-Star	目的地度假村 Destination Resort 五星/5-Star
工资及相关开支											
以每间可供出租客房计算	（元）	（元）	（元）	（元）	（元）	（元）	（元）	（元）	（元）	（元）	（元）
客房	19,762	13,626	11,213	21,196	15,677	13,190	14,303	25,836	18,245	12,910	19,791
餐饮	36,091	17,914	7,579	38,818	28,261	16,734	19,868	49,253	34,045	23,371	28,293
水疗及健身	3,008	1,730	639	3,112	2,546	1,394	2,681	3,580	2,376	1,799	5,029
其他营运部门	3,117	3,357	3,088	2,378	4,795	1,534	4,416	4,509	2,683	2,209	2,949
行政	20,134	13,646	8,609	20,777	18,461	12,092	16,399	26,989	18,613	14,010	18,685
信息及通信系统	1,552	903	438	1,639	908	906	775	2,083	1,408	1,085	1,397
市场推广	7,805	4,914	3,215	8,437	5,990	4,595	5,489	10,779	7,305	4,917	6,557
物业营运及保养	6,521	4,568	3,184	6,850	5,536	4,226	5,184	8,630	5,892	4,407	7,097
工资及相关开支合计	**97,990**	**60,658**	**37,965**	**103,208**	**82,175**	**54,673**	**69,116**	**131,660**	**90,567**	**64,708**	**89,798**
以每间实际入住客房计算	（元）	（元）	（元）	（元）	（元）	（元）	（元）	（元）	（元）	（元）	（元）
客房	88	63	50	92	74	62	64	102	81	66	102
餐饮	161	83	34	169	134	78	89	194	152	120	145
水疗及健身	13	8	3	14	11	6	13	14	11	9	26
其他营运部门	14	15	15	10	23	7	20	18	12	11	15
行政	90	63	39	90	87	57	74	106	83	72	95
信息及通信系统	7	4	2	7	4	4	3	8	6	6	7
市场推广	35	23	15	37	28	22	25	43	33	25	33
物业营运及保养	29	21	14	30	26	20	23	34	26	23	36
以占收入百分比计算											
客房	10.9%	13.4%	13.1%	10.4%	13.6%	12.6%	14.7%	10.3%	11.5%	13.8%	8.9%
餐饮	30.7%	35.6%	37.4%	31.6%	27.6%	36.6%	34.6%	32.0%	29.1%	29.7%	35.3%
水疗及健身	64.4%	65.0%	71.7%	67.1%	52.9%	79.7%	56.5%	56.5%	61.5%	67.7%	79.8%
其他营运部门	39.6%	44.5%	44.1%	46.8%	34.0%	65.8%	30.0%	29.5%	52.3%	70.0%	96.1%
行政	6.4%	8.3%	7.5%	6.1%	7.6%	7.8%	9.1%	6.2%	6.5%	7.8%	5.9%
信息及通信系统	0.5%	0.5%	0.4%	0.5%	0.4%	0.6%	0.4%	0.5%	0.5%	0.6%	0.4%
市场推广	2.5%	3.0%	2.8%	2.5%	2.5%	3.0%	3.1%	2.5%	2.5%	2.7%	2.1%
物业营运及保养	2.1%	2.8%	2.8%	2.0%	2.3%	2.7%	2.9%	2.0%	2.0%	2.4%	2.3%
占总收入百分比	**31.2%**	**36.8%**	**33.1%**	**30.5%**	**33.6%**	**35.2%**	**38.5%**	**30.3%**	**31.5%**	**35.8%**	**28.5%**

平均工资水平－前线员工（按星级分类）
Average Salary Scale - Rank & File Positions (By Star Rating)

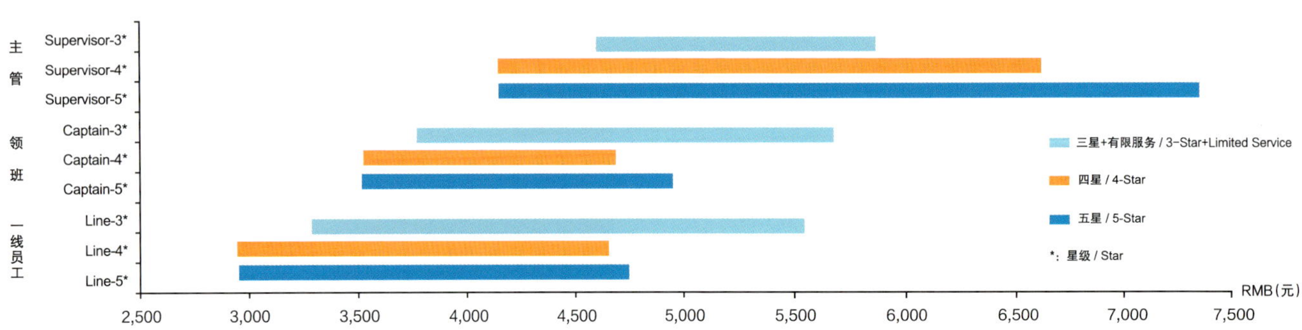

备注 Notes:

1. 纵向合计将不会完全符合，所有平均数据只平均为该行提供数据的酒店。
   Vertical totals will not always add up since averages were only applied to hotels that contributed data to the specific line item.
2. 各部门支出百分比以其部门收入为基础，其他未分配部门以总收入为基础。
   Expense ratios for departmental expenses are based on their respective departmental revenues, all other expenses are based on total revenue.

TABLE 9 LABOR STATISTICS

	以平均房价分类 By Average Room Rate				以主要市场分类 By Key Market				
	¥ 1,000 以上 Above ¥ 1,000	¥ 701~1,000 Between ¥ 701-1,000	¥ 401~700 Between ¥ 401-700	¥ 400 及以下 Below ¥ 400	北京 Beijing 五星/5-Star	上海 Shanghai 五星/5-Star	广州 Guangzhou 五星/5-Star	深圳 Shenzhen 五星/5-Star	三亚 Sanya 五星/5-Star
Payroll & Related Expenses									
Per Available Room	**RMB**	**RMB**	**RMB**	**RMB**	**RMB**	**RMB**	**RMB**	**RMB**	**RMB**
Rooms	30,758	21,969	15,432	10,103	26,398	25,016	25,944	26,990	27,542
Food & Beverage	58,931	38,698	24,902	14,387	46,560	47,954	55,555	51,130	43,297
Spa & Fitness Center	5,532	2,754	1,820	1,493	3,661	3,102	3,427	3,956	8,332
Other Operated Depts.	4,848	2,971	2,875	2,868	4,970	4,343	4,638	3,928	4,552
Administrative & General	30,080	21,296	16,294	10,029	30,027	25,466	27,335	23,499	24,880
Information & Telecommunications	2,384	1,586	1,049	754	2,095	2,167	1,977	1,975	1,863
Marketing	12,021	8,527	6,029	3,621	10,967	11,137	9,905	10,809	9,943
Property Operations & Maintenance	9,807	6,871	5,231	3,504	9,174	8,067	9,062	8,426	9,846
Total Payroll and Related Exp.	**154,361**	**104,671**	**73,632**	**46,758**	**133,852**	**127,251**	**137,843**	**130,713**	**130,255**
Per Occupied Room	**RMB**	**RMB**	**RMB**	**RMB**	**RMB**	**RMB**	**RMB**	**RMB**	**RMB**
Rooms	130	89	70	53	105	98	99	109	110
Food & Beverage	250	156	113	75	186	188	213	207	171
Spa & Fitness Center	23	11	9	8	15	12	12	15	34
Other Operated Depts.	20	12	13	15	20	17	18	15	18
Administrative & General	127	86	74	53	119	100	105	95	100
Information & Telecommunications	10	6	5	4	8	8	7	8	7
Marketing	51	34	27	19	44	44	38	44	39
Property Operations & Maintenance	42	28	24	18	37	32	35	34	39
% of Revenue									
Rooms	9.0%	10.6%	12.9%	15.9%	10.8%	9.8%	10.2%	10.4%	7.1%
Food & Beverage	31.8%	31.0%	31.8%	30.6%	37.8%	33.2%	28.3%	26.6%	35.9%
Spa & Fitness Center	66.2%	68.3%	62.4%	56.1%	57.1%	64.2%	57.1%	67.3%	121.0%
Other Operated Depts.	45.1%	40.4%	40.4%	42.4%	23.0%	47.3%	21.1%	47.8%	148.9%
Administrative & General	5.5%	6.1%	7.7%	8.4%	7.3%	6.1%	5.6%	5.0%	4.7%
Information & Telecommunications	0.4%	0.5%	0.5%	0.6%	0.5%	0.5%	0.4%	0.4%	0.4%
Marketing	2.2%	2.4%	2.9%	3.0%	2.7%	2.7%	2.0%	2.3%	1.9%
Property Operations & Maintenance	1.8%	2.0%	2.5%	2.9%	2.2%	1.9%	1.9%	1.8%	1.9%
As % of Total Revenue	**28.1%**	**29.9%**	**34.9%**	**39.0%**	**32.7%**	**30.3%**	**28.3%**	**27.9%**	**24.8%**

平均工资水平 – 管理阶层（按星级分类）
Average Salary Scale - Supervisory Positions (By Star Rating)

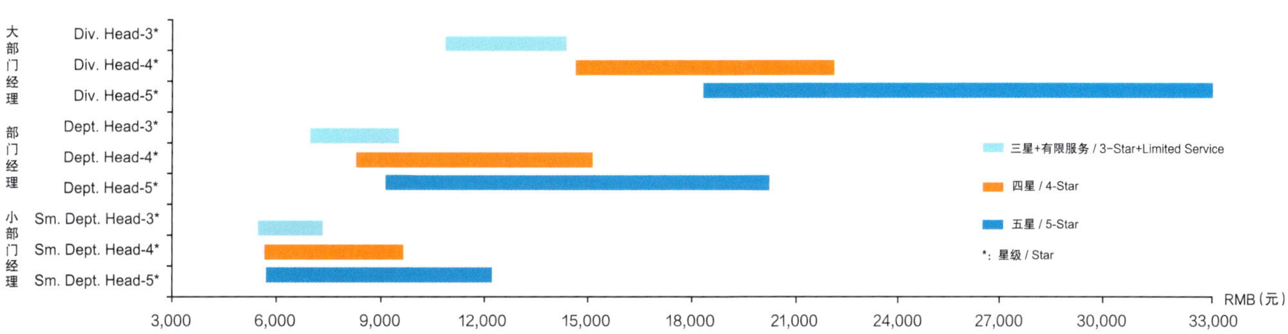

表 9　人事统计（续）

	以星级分类 By Star Rating			以管理模式分类 By Management Model				以城市等级分类 By City Category			
	五星 5-Star	四星 4-Star	三星+有限服务 3-Star + Limited Service	国际管理 International 五星/5-Star	国内管理 Domestic 五星/5-Star	国际管理 International 四星/4-Star	国内管理 Domestic 四星/4-Star	一线城市 Tier 1 cities 五星/5-Star	二线城市 Tier 2 cities 五星/5-Star	三线城市 Tier 3 cities 五星/5-Star	目的地度假村 Destination Resort 五星/5-Star
员工效率											
全酒店-按每间可供出租房分摊员工数	**0.96**	**0.59**	**0.38**	**0.98**	**0.88**	**0.57**	**0.64**	**1.04**	**0.93**	**0.84**	**0.98**
全职员工	0.67	0.44	0.28	0.69	0.63	0.41	0.49	0.72	0.66	0.62	0.68
临时/兼职员工	0.16	0.09	0.07	0.17	0.14	0.09	0.10	0.20	0.14	0.14	0.17
实习生	0.12	0.06	0.03	0.12	0.11	0.06	0.05	0.12	0.12	0.08	0.13
全酒店-按每间实际入住房分摊员工数	**1.55**	**1.00**	**0.61**	**1.56**	**1.52**	**0.97**	**1.04**	**1.51**	**1.52**	**1.57**	**1.82**
全职员工	1.09	0.75	0.44	1.09	1.10	0.71	0.80	1.04	1.08	1.16	1.26
临时/兼职员工	0.26	0.16	0.12	0.27	0.25	0.16	0.16	0.29	0.23	0.26	0.31
实习生	0.19	0.09	0.05	0.20	0.18	0.10	0.08	0.18	0.20	0.15	0.24
客房部-按每间实际入住房分摊工时	**2.51**	**1.76**	**1.59**	**2.52**	**2.43**	**1.71**	**1.85**	**2.38**	**2.41**	**2.51**	**3.37**
全职员工	1.60	1.19	1.02	1.58	1.63	1.13	1.29	1.44	1.58	1.74	2.00
临时/兼职员工	0.60	0.39	0.43	0.63	0.51	0.40	0.39	0.64	0.51	0.54	0.97
实习生	0.31	0.18	0.14	0.32	0.29	0.18	0.17	0.30	0.32	0.23	0.40
全酒店-按每间实际入住房分摊工时	**8.50**	**5.47**	**3.35**	**8.54**	**8.35**	**5.29**	**5.71**	**8.26**	**8.33**	**8.60**	**9.96**
全职员工	6.00	4.09	2.43	5.98	6.01	3.87	4.39	5.69	5.93	6.34	6.93
临时/兼职员工	1.44	0.87	0.64	1.47	1.34	0.88	0.87	1.61	1.29	1.44	1.69
实习生	1.06	0.51	0.28	1.08	0.99	0.54	0.45	0.96	1.11	0.82	1.34
餐饮部-每餐位分摊员工数	**0.20**	**0.14**	**0.10**	**0.21**	**0.17**	**0.15**	**0.13**	**0.25**	**0.19**	**0.15**	**0.17**
全职员工	0.14	0.10	0.08	0.14	0.12	0.11	0.10	0.17	0.13	0.12	0.12
临时/兼职员工	0.02	0.02	0.01	0.02	0.02	0.02	0.01	0.03	0.02	0.01	0.02
实习生	0.04	0.02	0.01	0.05	0.03	0.03	0.02	0.05	0.04	0.03	0.04
餐饮部-每用餐人次分摊工时	**1.25**	**0.81**	**0.41**	**1.32**	**1.08**	**0.89**	**0.74**	**1.38**	**1.25**	**1.13**	**1.13**
全职员工	0.77	0.51	0.23	0.81	0.67	0.54	0.48	0.85	0.76	0.71	0.70
临时/兼职员工	0.25	0.17	0.09	0.27	0.21	0.19	0.15	0.30	0.24	0.26	0.18
实习生	0.23	0.13	0.08	0.24	0.19	0.16	0.11	0.23	0.25	0.16	0.25
宴会部-每用餐人次分摊工时	**1.50**	**1.35**	**2.64**	**1.63**	**1.16**	**1.43**	**1.22**	**1.71**	**1.50**	**1.22**	**1.64**
全职员工	0.57	0.65	1.52	0.62	0.46	0.65	0.67	0.71	0.55	0.40	0.83
临时/兼职员工	0.76	0.50	0.76	0.86	0.49	0.56	0.38	0.82	0.77	0.70	0.62
实习生	0.17	0.20	0.35	0.16	0.22	0.22	0.17	0.17	0.18	0.12	0.20

平均工资水平－前线员工（按管理模式分类－五星级酒店）
Average Salary Scale - Rank & File Positions (By Management Model - 5-Star)

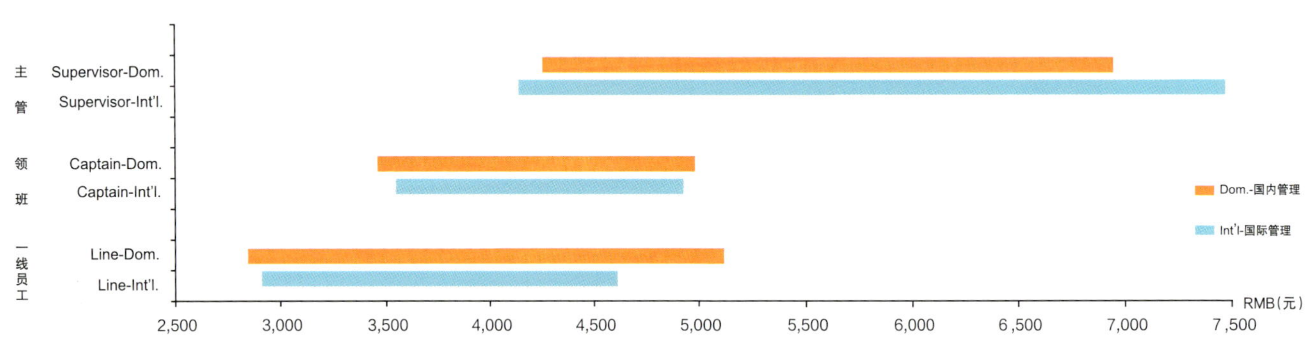

	以平均房价分类 By Average Room Rate				以主要市场分类 By Key Market				
	¥ 1,000 以上 Above ¥ 1,000	¥ 701~1,000 Between ¥ 701-1,000	¥ 401~700 Between ¥ 401-700	¥ 400 及以下 Below ¥ 400	北京 Beijing 五星/5-Star	上海 Shanghai 五星/5-Star	广州 Guangzhou 五星/5-Star	深圳 Shenzhen 五星/5-Star	三亚 Sanya 五星/5-Star
Labor Productivity									
Total Hotel Staff Per Available Room	**1.28**	**0.96**	**0.77**	**0.57**	**0.98**	**0.94**	**1.27**	**1.18**	**1.39**
Full Time	0.89	0.67	0.55	0.42	0.69	0.64	0.86	0.81	0.89
Part Time/Contract	0.22	0.17	0.13	0.10	0.20	0.17	0.25	0.24	0.27
Intern	0.17	0.13	0.09	0.05	0.09	0.12	0.16	0.14	0.23
Total Hotel Staff Per Occupied Room	**1.98**	**1.42**	**1.26**	**1.09**	**1.43**	**1.35**	**1.77**	**1.75**	**2.01**
Full Time	1.38	0.98	0.91	0.80	1.00	0.92	1.20	1.19	1.28
Part Time/Contract	0.34	0.25	0.21	0.18	0.29	0.25	0.34	0.35	0.39
Intern	0.26	0.19	0.15	0.11	0.14	0.17	0.22	0.20	0.34
Staff Hour Per Occupied Room - Rooms	**3.19**	**2.26**	**2.13**	**1.96**	**2.23**	**2.19**	**2.77**	**2.67**	**3.67**
Full Time	1.97	1.43	1.37	1.33	1.35	1.28	1.67	1.72	1.87
Part Time/Contract	0.81	0.54	0.51	0.42	0.64	0.58	0.77	0.63	1.30
Intern	0.41	0.30	0.25	0.21	0.24	0.32	0.34	0.32	0.50
Staff Hour Per Occupied Room - Total	**10.87**	**7.79**	**6.91**	**5.98**	**7.81**	**7.38**	**9.69**	**9.58**	**11.02**
Full Time	7.56	5.38	4.97	4.38	5.47	5.06	6.60	6.51	7.04
Part Time/Contract	1.89	1.39	1.13	1.01	1.58	1.36	1.89	1.94	2.13
Intern	1.42	1.02	0.81	0.59	0.76	0.96	1.20	1.12	1.85
Total F&B Staff Per Seat	**0.25**	**0.22**	**0.17**	**0.12**	**0.25**	**0.23**	**0.27**	**0.28**	**0.22**
Full Time	0.17	0.15	0.12	0.09	0.17	0.16	0.18	0.20	0.13
Part Time/Contract	0.03	0.02	0.02	0.01	0.03	0.02	0.04	0.03	0.02
Intern	0.06	0.05	0.04	0.02	0.04	0.05	0.06	0.05	0.07
Staff Hour Per Cover - F&B Total	**1.51**	**1.31**	**1.05**	**0.77**	**1.29**	**1.33**	**1.47**	**1.62**	**1.32**
Full Time	0.94	0.77	0.65	0.46	0.80	0.84	0.88	0.98	0.78
Part Time/Contract	0.29	0.30	0.21	0.18	0.30	0.25	0.34	0.40	0.17
Intern	0.28	0.25	0.20	0.13	0.19	0.24	0.25	0.24	0.36
Staff Hour Per Cover - Banquet	**2.02**	**1.99**	**1.23**	**1.33**	**1.99**	**1.40**	**1.82**	**1.87**	**3.49**
Full Time	0.89	0.63	0.51	0.53	0.80	0.67	0.64	0.76	1.71
Part Time/Contract	0.94	1.20	0.55	0.54	0.97	0.57	1.01	0.96	1.41
Intern	0.19	0.16	0.17	0.26	0.21	0.16	0.17	0.15	0.38

平均工资水平 – 管理阶层（按管理模式分类 – 五星级酒店）
Average Salary Scale - Supervisory Positions (By Management Model - 5-Star)

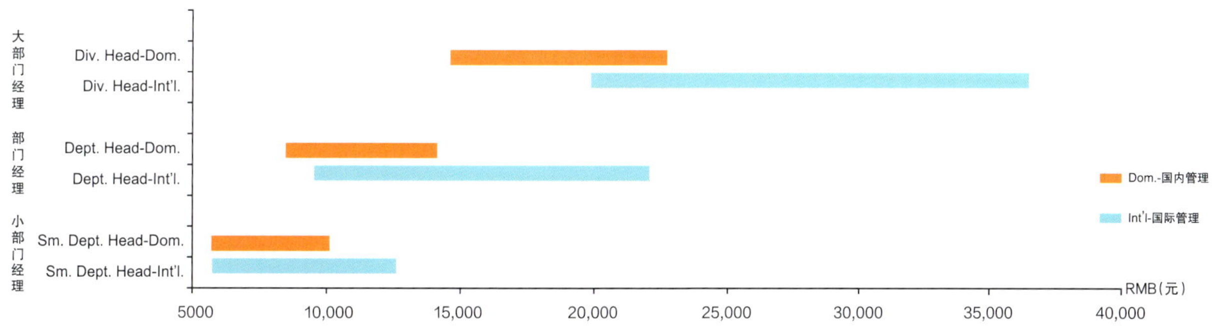

表 10 主要市场分类信息
TABLE 10 DISTRIBUTION OF HOTELS BY KEY MARKETS

		以地理区域划分 By Region						
		华北 North	东北 North East	华东 East	中南 South Central	西北 North West	西南 South West	合计 Total
样本酒店	**Category**							
以平均房价分类	**By Average Room Rate**							
样本酒店数量	**No. of Hotels**							
1,000元以上	Above RMB 1,000	33	7	81	74	6	33	**234**
701~1,000元	Between RMB 701-1,000	33	10	99	65	8	17	**232**
401~700元	Between RMB 401-700	91	27	290	150	38	73	**669**
400元及以下	Below RMB 400	30	20	179	105	18	38	**390**
合计	**Total**	**187**	**64**	**649**	**394**	**70**	**161**	**1525**
所占比例	**Percentage Share**							
1,000元以上	Above RMB 1,000	18%	11%	12%	19%	9%	20%	**15%**
701~1,000元	Between RMB 701-1,000	18%	16%	15%	16%	11%	11%	**15%**
401~700元	Between RMB 401-700	49%	42%	45%	38%	54%	45%	**44%**
400元及以下	Below RMB 400	16%	31%	28%	27%	26%	24%	**26%**
合计	**Total**	**100%**	**100%**	**100%**	**100%**	**100%**	**100%**	**100%**
以星级分类	**By Star Rating**							
样本酒店数量	**No. of Hotels**							
五星级	5-Star	117	41	419	247	44	107	**975**
四星级	4-Star	49	13	161	111	18	41	**393**
三星级+有限服务型	3-Star+Limited Service	21	10	69	36	8	13	**157**
合计	**Total**	**187**	**64**	**649**	**394**	**70**	**161**	**1525**
所占比例	**Percentage Share**							
五星级	5-Star	63%	64%	65%	63%	63%	66%	**64%**
四星级	4-Star	26%	20%	25%	28%	26%	25%	**26%**
三星级+有限服务型	3-Star+Limited Service	11%	16%	11%	9%	11%	8%	**10%**
合计	**Total**	**100%**	**100%**	**100%**	**100%**	**100%**	**100%**	**100%**
以管理模式分类	**By Management Model**							
样本酒店数量	**No. of Hotels**							
国际管理五星级	International 5-Star	77	29	308	191	32	85	**722**
国内管理五星级	Domestic 5-Star	40	12	111	56	12	22	**253**
国际管理四星级	International 4-Star	25	11	87	63	13	29	**228**
国内管理四星级	Domestic 4-Star	24	2	74	48	5	12	**165**
合计	**Total**	**166**	**54**	**580**	**358**	**62**	**148**	**1368**
所占比例	**Percentage Share**							
国际管理五星级	International 5-Star	46%	54%	53%	53%	52%	57%	**53%**
国内管理五星级	Domestic 5-Star	24%	22%	19%	16%	19%	15%	**18%**
国际管理四星级	International 4-Star	15%	20%	15%	18%	21%	20%	**17%**
国内管理四星级	Domestic 4-Star	14%	4%	13%	13%	8%	8%	**12%**
合计	**Total**	**100%**	**100%**	**100%**	**100%**	**100%**	**100%**	**100%**

备注 Notes:

1. 各城市所占百分比的计算基于所有参与统计的酒店的有效数据。
   Distribution percentages are based on total usable responses collected for each category.

表 11 客房类型
TABLE 11 GUESTROOM STATISTICS

		以星级分类 By Star Rating			以管理模式分类 By Management Model			
		五星 5-Star	四星 4-Star	三星+有限服务 3-Star + Limited Service	国际管理 Int'l 五星/5-Star	国内管理 Dom. 五星/5-Star	国际管理 Int'l 四星/4-Star	国内管理 Dom. 四星/4-Star
客房	**Guestroom**							
客房类型数量（间）	**Room Mix Count**							
标准房	Standard	234	199	169	230	246	212	181
行政房	Executive	48	33	15	48	48	33	32
套房	Suite	35	21	8	36	32	21	23
别墅	Villa	3	0	0	3	3	0	0
合计	**Total**	**320**	**254**	**191**	**317**	**328**	**266**	**236**
所占比例	**Room Mix (%)**							
标准房	Standard	73%	78%	88%	73%	75%	80%	77%
行政房	Executive	15%	13%	8%	15%	15%	13%	14%
套房	Suite	11%	8%	4%	11%	10%	8%	10%
别墅	Villa	1%	0%	0%	1%	1%	0%	0%
合计	**Total**	**100%**	**100%**	**100%**	**100%**	**100%**	**100%**	**100%**
客房面积（平方米）	**Size Per Available Room (SQM)**							
标准房	Standard	44	35	30	45	39	36	33
行政房	Executive	47	39	33	47	46	39	40
套房	Suite	89	68	58	91	83	70	65
别墅	Villa	258	135	-	248	293	115	184
平均	**Average**	**51**	**39**	**31**	**52**	**47**	**39**	**37**

备注 Notes:

1. 客房面积为净面积，包括卫生间。
   Room size given is on a net basis and includes the bathroom.

图1 样本酒店构成信息
GRAPH 1 BREAKDOWN OF SURVEY RESPONSES

五星级酒店市场样本酒店数量-按管理模式划分

No. of 5-Star Responses by Management Model

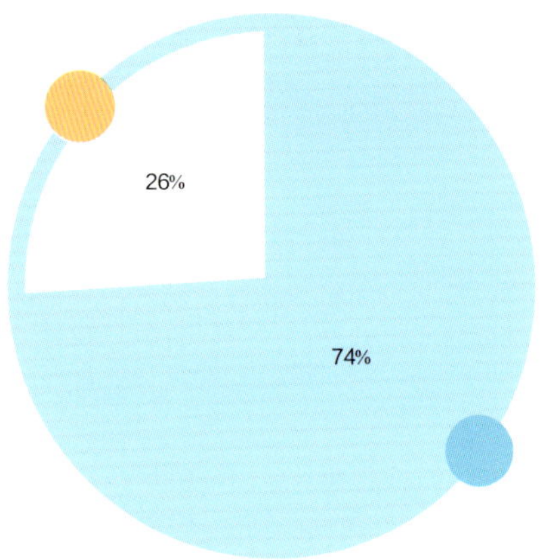

国际管理 722 家
International 722 Hotels

国内管理 253 家
Domestic 253 Hotels

四星级酒店市场样本酒店数量-按管理模式划分

No. of 4-Star Responses by Management Model

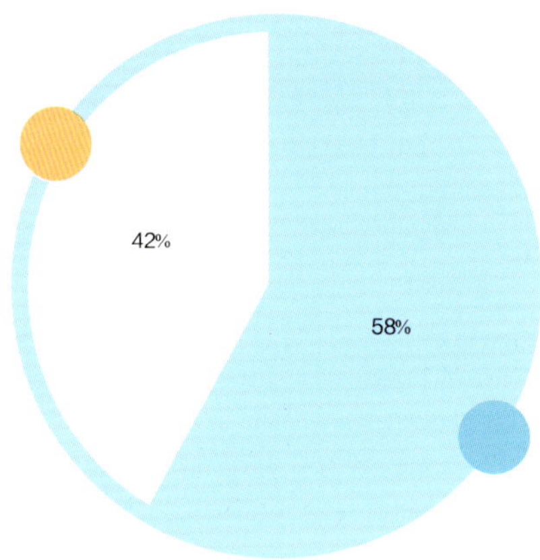

国际管理 228 家
International 228 Hotels

国内管理 165 家
Domestic 165 Hotels

样本酒店数量-按星级划分

No. of Responses by Star Rating

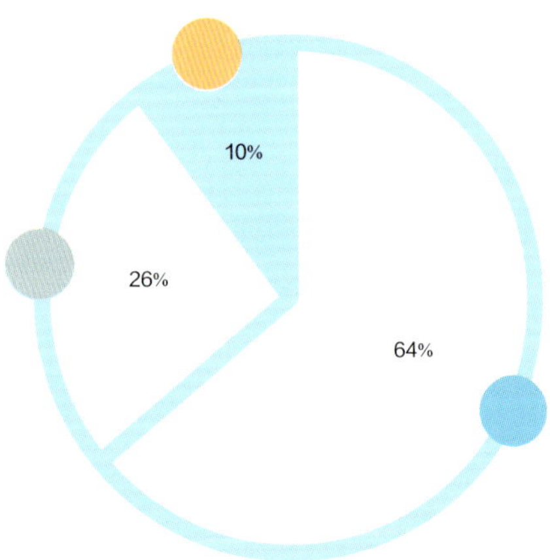

五星级酒店 975 家
5-Star 975 Hotels

四星级酒店 393 家
4-Star 393 Hotels

三星级+有限服务型酒店 157 家
3-Star + Limited Service 157 Hotels

样本酒店数量-按平均房价划分

No. of Responses by ADR Category

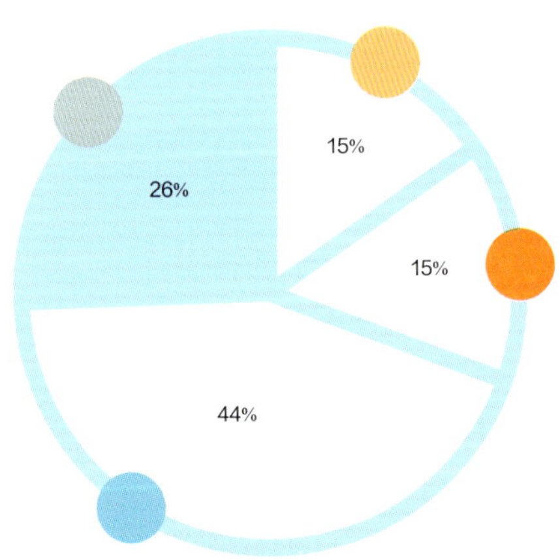

1,000元以上 234 家
Above RMB1,000, 234 Hotels

701~1,000元 232 家
RMB701-1,000, 232 Hotels

401~700元 669 家
RMB401-700, 669 Hotels

400元及以下 390 家
Below RMB400, 390 Hotels

图2 客源构成及房价贡献
GRAPH 2 MARKET MIX & ADR CONTRIBUTION

客源 Segment	ADR
散客－商务散客 Transient - Corporate/Business FIT	671
散客－直接散客 Transient - Direct FIT	1036
散客－批发/包价散客 Transient - Wholesale/Package FIT	994
团队－酒店内会议团队 Group - In-House Meeting	578
团队－会议/会展/奖励旅游 Group - Other MICE	671
团队－旅游团队 Group - Leisure Group	497
无预订散客 Other - Walk-in	937
政府客源 Other - Government	419
航空机组人员 Other - Airline	502
其他 Other	677

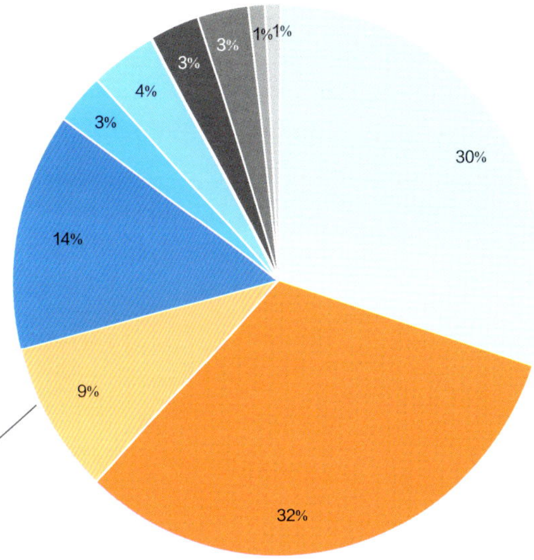

五星级市场 客源构成及房价贡献（元）

5-Star Hotels Market Mix & ADR Contribution (RMB)

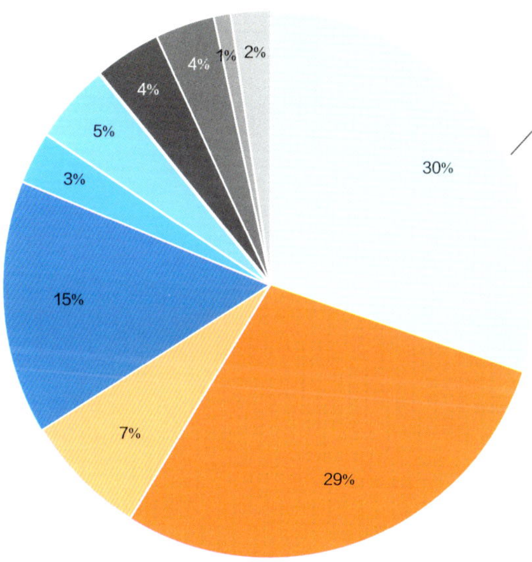

四星级市场 客源构成及房价贡献（元）

4-Star Hotels Market Mix & ADR Contribution (RMB)

客源 Segment	ADR
散客－商务散客 Transient - Corporate/Business FIT	450
散客－直接散客 Transient - Direct FIT	550
散客－批发/包价散客 Transient - Wholesale/Package FIT	525
团队－酒店内会议团队 Group - In-House Meeting	400
团队－会议/会展/奖励旅游 Group - Other MICE	429
团队－旅游团队 Group - Leisure Group	346
无预订散客 Other - Walk-in	530
政府客源 Other - Government	362
航空机组人员 Other - Airline	334
其他 Other	423

客源 Segment	ADR
散客－商务散客 Transient - Corporate/Business FIT	399
散客－直接散客 Transient - Direct FIT	395
散客－批发/包价散客 Transient - Wholesale/Package FIT	386
团队－酒店内会议团队 Group - In-House Meeting	362
团队－会议/会展/奖励旅游 Group - Other MICE	368
团队－旅游团队 Group - Leisure Group	287
无预订散客 Other - Walk-in	414
政府客源 Other - Government	379
航空机组人员 Other - Airline	306
其他 Other	288

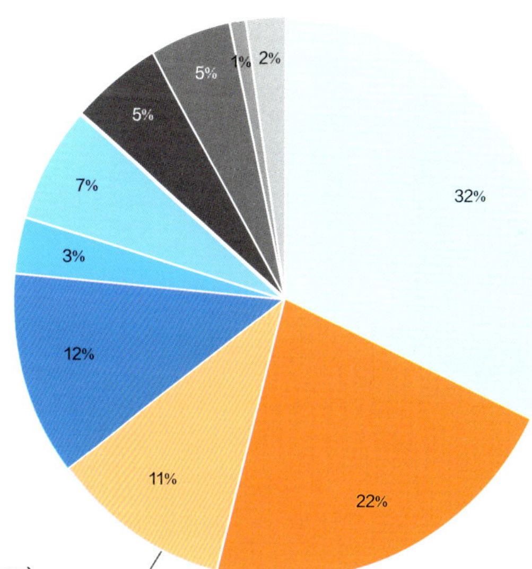

三星级+有限服务型市场 客源构成及房价贡献（元）

3-Star+Limited Service Hotels Market Mix & ADR Contribution (RMB)

图3 部分城市业绩指标比较
GRAPH 3 KEY CITIES PERFORMANCE INDICATORS

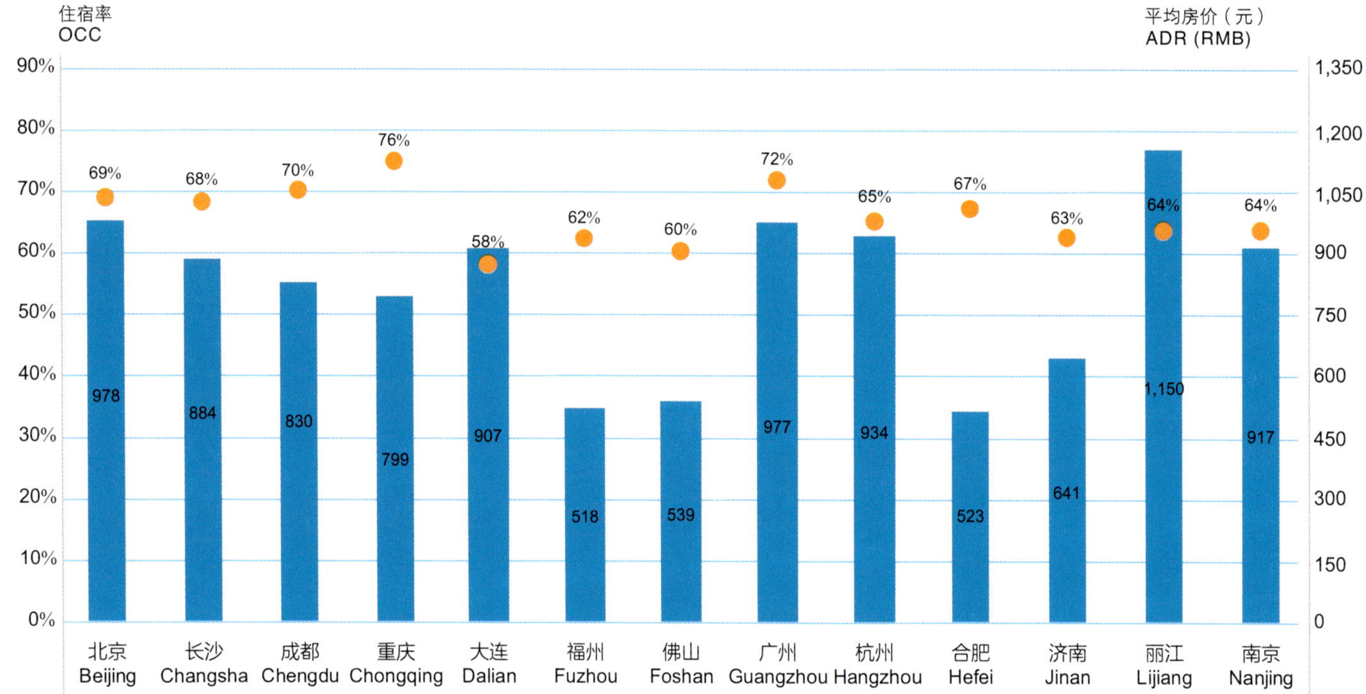

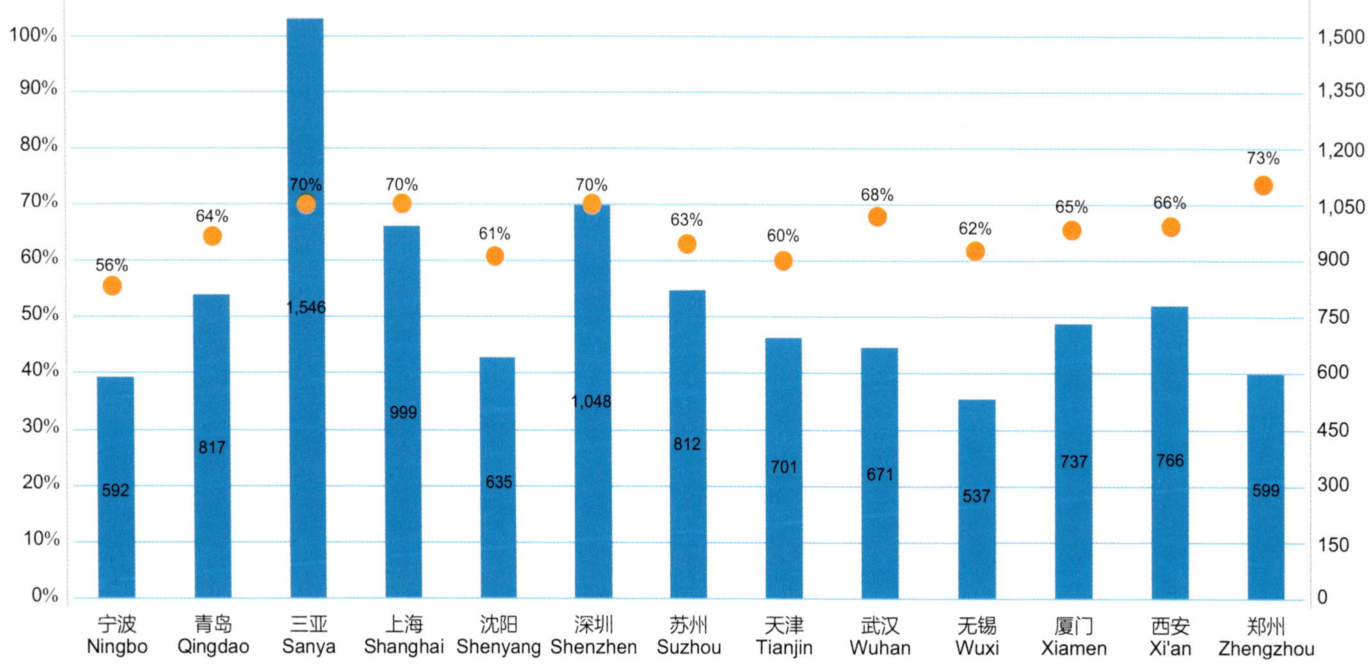

● 五星级 住宿率
5-Star , Occupancy

■ 五星级 平均房价（元）
5-Star , Average Room Rate (RMB)

图4 收入及支出构成
GRAPH 4 PERCENTAGE OF DISTRIBUTION OF REVENUES AND EXPENSES

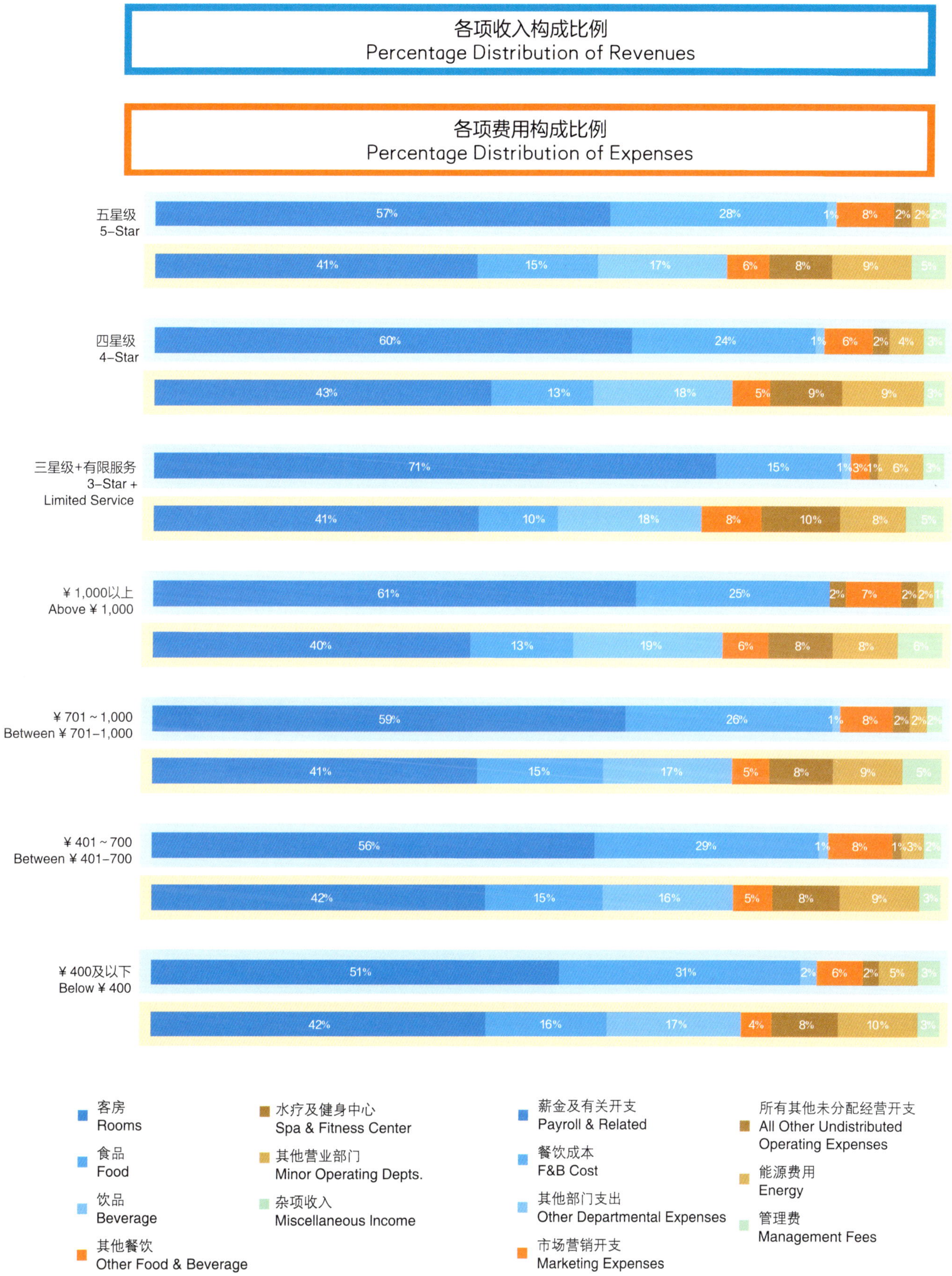

酒店基本业绩指标比较（按星级划分），2019—2023年
General Performance Comparison（By Star Rating），2019-2023

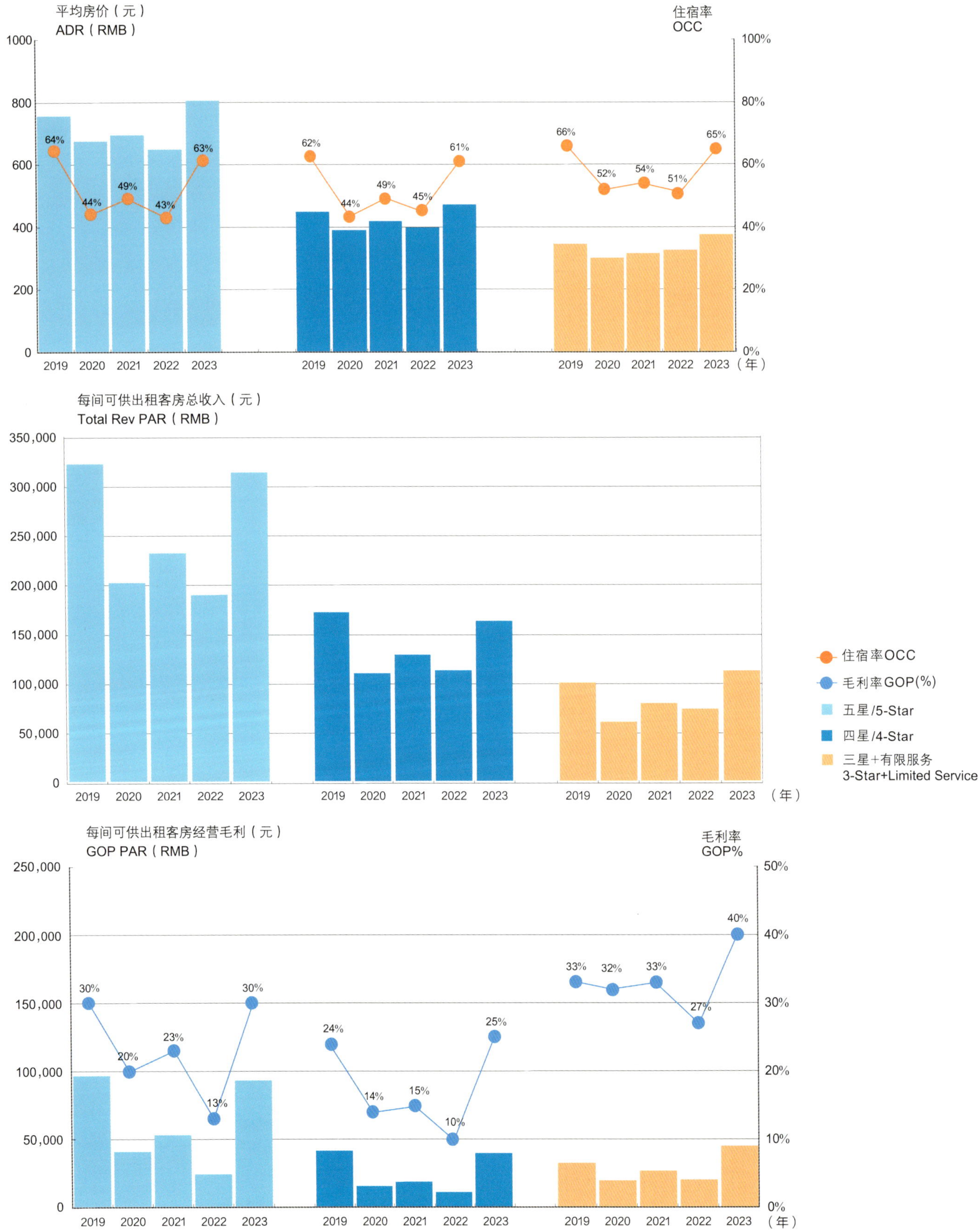

酒店基本业绩指标比较（按管理模式划分），2019—2023年
General Performance Comparison (By Management Model), 2019-2023

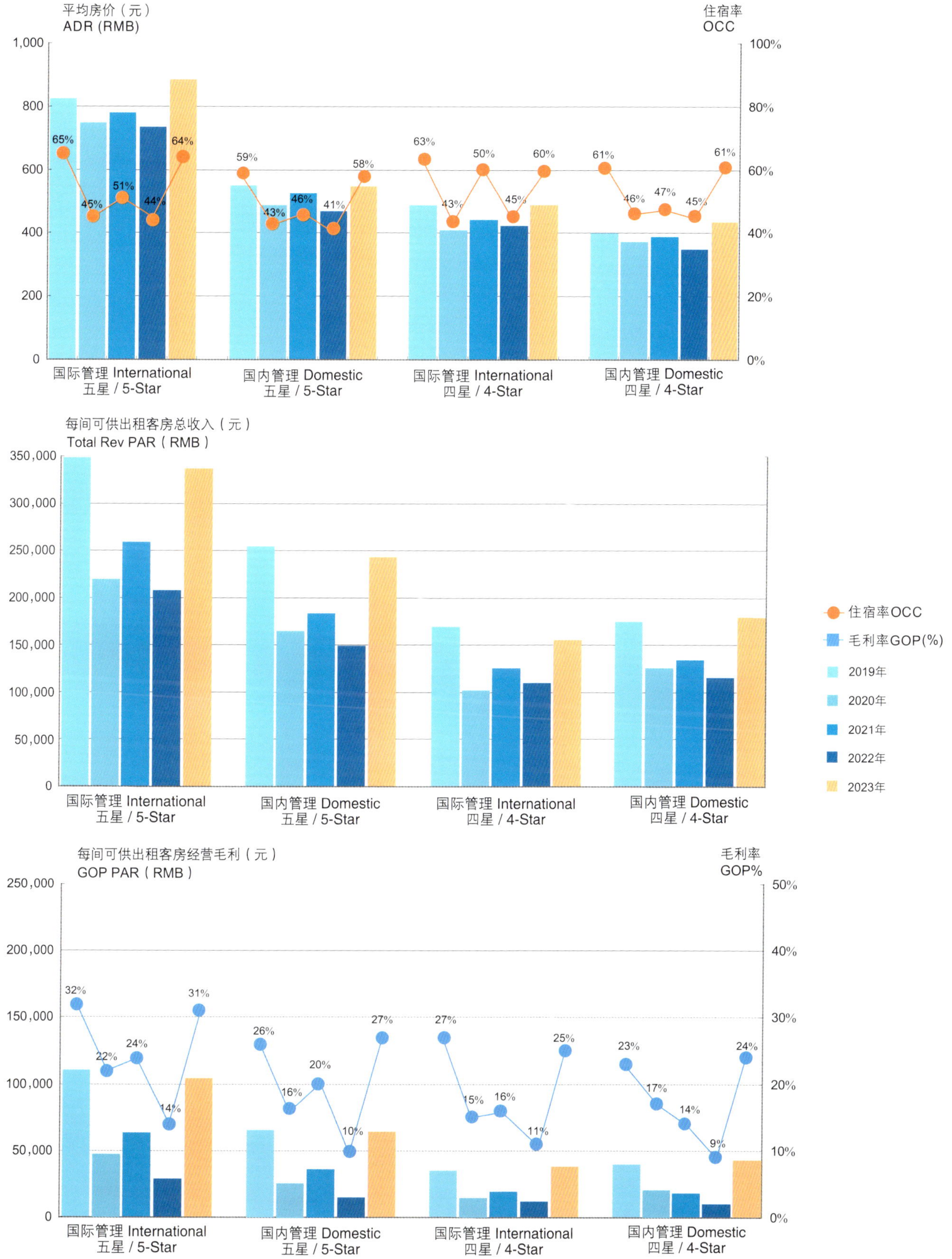

图6 酒店业绩景气预测
GRAPH 6 PERFORMANCE FORECAST

预测2024年住宿率及平均房价"上升"的酒店所占比例
2024 Occupancy & Average Rate Forecast - % Answered "Improve"

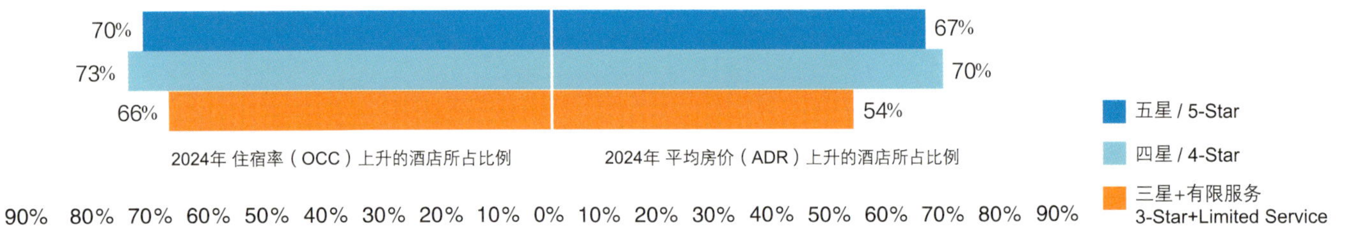

2023年(实际)与2024年(预测)住宿率比较
2023 (Actual) and 2024 (Forecast) Occupancy Comparison

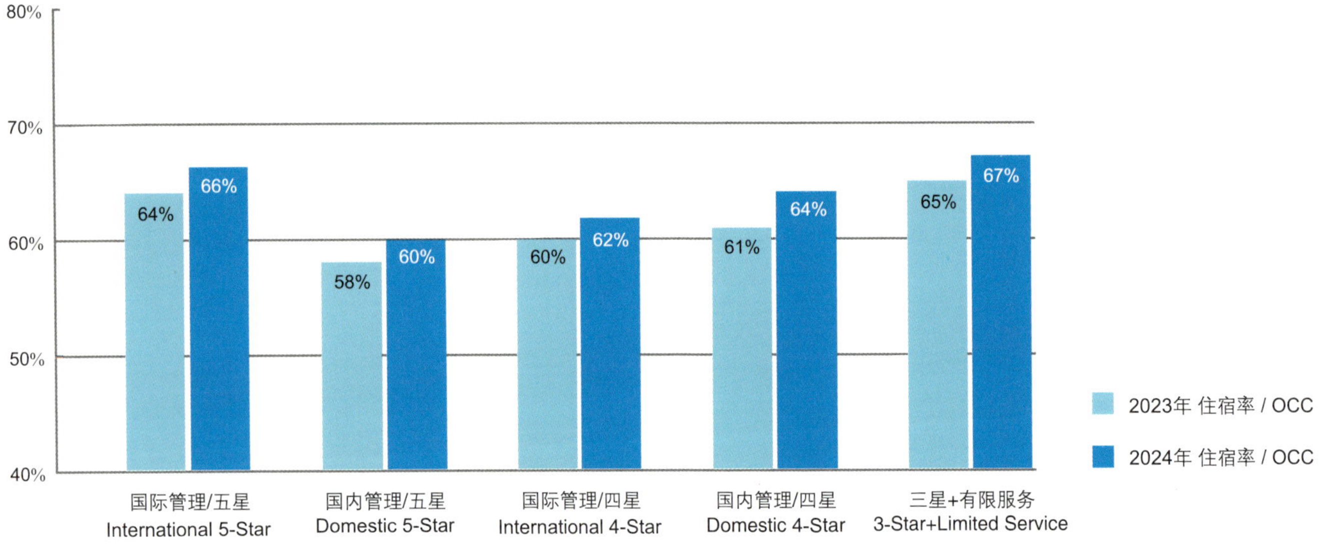

2023年(实际)与2024年(预测)平均房价比较
2023 (Actual) and 2024 (Forecast) Average Rate Comparison

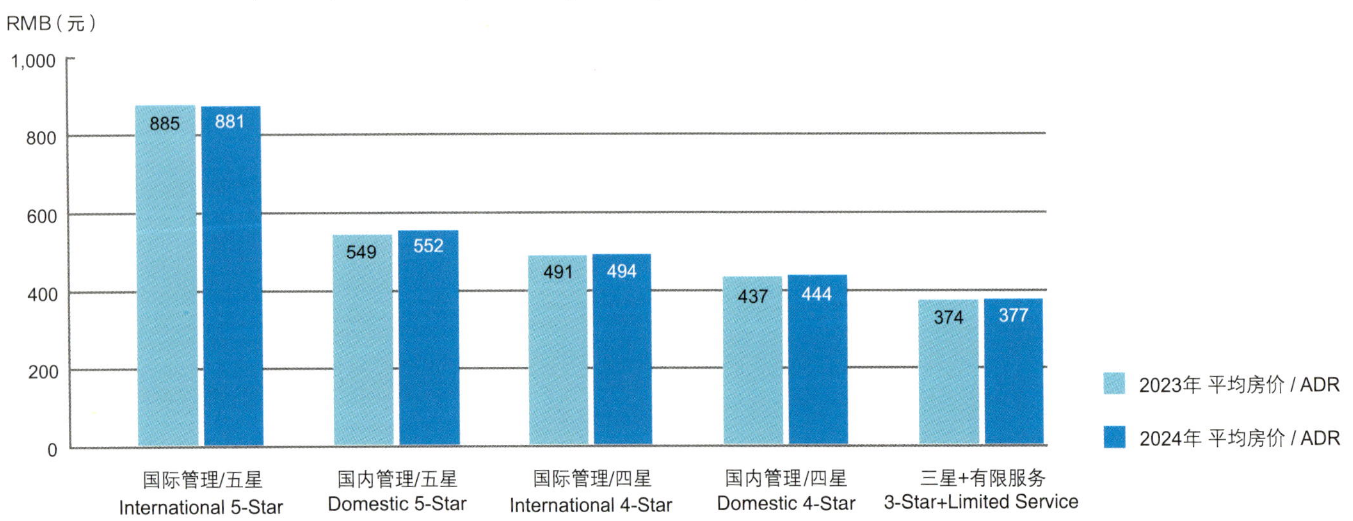

附录一　中国旅游饭店业协会简介
APPENDIX 1　ABOUT CHINA TOURIST HOTEL ASSOCIATION

中国旅游饭店业协会，英文名称为China Tourist Hotel Association（英文缩写：CTHA），成立于1986年2月，经中华人民共和国民政部登记注册，具有独立的法人资格。

中国旅游饭店业协会是由中国境内的旅游饭店和地方饭店协会、饭店管理公司、饭店信息系统供应和服务商、饭店线上运营商、饭店院校、饭店用品供应厂商等相关单位和饭店专家及资深学者自愿结成的行业性的、全国性的、非营利性的社会组织。

中国旅游饭店业协会的宗旨：遵守国家的宪法、法律法规和有关政策，遵守社会道德风尚，代表和维护中国旅游饭店行业的共同利益，维护会员的合法权益，在登记管理机关、党建领导机关和行业管理部门的业务指导和监督管理下，为会员服务，为行业服务，在政府与会员之间发挥桥梁和纽带作用，为促进我国旅游饭店业的健康发展做出积极贡献。

中国旅游饭店业协会为会员服务的范围：宣传、贯彻国家有关旅游业的发展方针和旅游饭店行业的政策、法规；向业务主管单位反映会员的愿望和要求；组织会员订立行规行约并监督遵守，维护旅游饭店的市场秩序；开展饭店业的调查研究，协助饭店业务主管单位搞好行业管理；交流旅游饭店的工作经验，收集国内外饭店业的信息；接受政府有关部门委托或根据市场和行业发展需要，组织开展饭店的培训、研讨、考察及有关产品展览等工作；对相关标准参与实施、开展认证等工作；领导下设的专业委员会开展业务活动；开展和国际饭店与住宿业协会等相关行业组织之间的交流与合作。

中国旅游饭店业协会会员中聚集了全国饭店行业中知名度高、影响力大、服务规范、信誉良好的星级饭店，以及国内外有影响力的饭店集团和知名饭店品牌。

目前，中国旅游饭店业协会共有会员1466家，理事单位375家，常务理事50人，副会长23人，秘书长1人。李峰先生为协会现任会长。

中国旅游饭店业协会于1994年正式加入国际饭店与餐馆协会（英文缩写为IH&RA）。

自2009年6月起，中国旅游饭店业协会秘书处承担全国旅游星级饭店评定委员会办公室职能。

副会长（按姓氏笔画排列）：凡东升、王　志、王　健、王建平、王海军、宁奇峰、仲　勇、刘凯强、孙　坚、孙　健、孙子元、何　潇、狄　嘉、张　添、张晓强、陆　洋、陈　蓉、陈瑞亮、金　辉、钱　利、梁晓京、颜雪巍、戴雪英

Registered at the Ministry of Civil Affairs of the People's Republic of China, China Tourist Hotel Association ("CTHA") was established in February 1986 as an independent legal entity. CTHA is a national non-profit industry organization formed, in a voluntary manner, by the Association of Tourist Hotels and Local Hotels, hotel management companies, manufacturer of hotel information systems, online hotel operators, hotel academies, hotel equipment & supplies providers and other relevant organizations in the territory of China as well as the hotel experts and senior scholars.

Tenet of CTHA: to abide by the constitution, laws, regulations and relevant policies, comply with the social moralities, represent and protect the common interests of Chinese tourist hotel industry and the legal rights and interests of members of CTHA, registration authority, party building leading authority, build a bridge and link between the members and the governments and make a positive contribution to the healthy development of Chinese tourist hotel industry.

Scope of services for CTHA Members: publicity and implementation of national development guidelines related to the tourism industry and the policies and regulations on the tourist hotel industry; reporting the aspirations and requirements of the members to the competent authorities; organizing the members to develop the industry rules and regulations and supervising their compliance to maintain the market order of tourist hotels; carrying out the investigations and studies on the hotel industry and assisting the competent authorities of hotels in the industry management; exchanging the working experience of tourist hotels and collecting information of the hotel industries both at home and abroad; based on the entrustment of relevant governmental authorities or according to the requirements for market and industry development, organizing and conducting the hotel-targeted training, discussions, visits and relevant product exhibitions; participating in the implementation of relevant standards and carrying out the certification work; leading the operational activities of its special committees; conducting the exchanges and cooperation with international hotel & lodging associations and other relevant industry organizations.

CTHA has gathered a lot of star-rated hotels with great fame, wide influence, standard service and high reputation, as well as influential worldwide hotel groups and famous hotel brands. Up to now, there have been 1466 members, 375 directors, 50 standing directors, 23 deputy chairman and a secretary general in CTHA. Mr. Li Feng is the chairman of the association.

In the year of 1994, CTHA was recruited into International Hotel & Restaurant Association (Abb. As IH&RA).

Since June 2009, The CTHA Secretariat has undertook the functions of China Tourist Hotel Star-Rating Committee Office.

Deputy Chairman: Fan Dongsheng, Wang Zhi, Wang Jian, Wang Jianping, Wang Haijun, Ning Qifeng, Zhong Yong, Liu Kaiqiang, Sun Jian, Sun Jian, Sun Ziyuan, He Xiao, Di Jia, Zhang Tian, Zhang Xiaoqiang, Lu Yang, Chen Rong, Chen Ruiliang, Jin Hui, Qian Li, Liang Xiaojing, Yan Xuewei, Dai Xueying.

附录二　浩华管理顾问公司简介

作为一个拥有百年历史的专业咨询品牌，浩华参与了20世纪50年代《全球酒店业统一会计准则》的创立，并于2003年正式在北京开设中国大陆地区的第一间办公室。浩华与中国旅游饭店业协会通力合作，自2003年开始，每年度正式出版的《中国饭店业务统计》现已成为行业业务标杆数据发布和分享的权威专业刊物。浩华致力于以前瞻性视角引领行业趋势和推动行业变革，率先在业内推出“空间坪效”概念，以推动行业精准化投资、空间功能规划及持续优化的资产管理举措，并首创了市场景气指数（MSI）及市场价值指数（MVI）两大指数体系。2022年，浩华正式推出“厚海数据平台”，进一步构建酒旅行业专业的数据标准和评价体系，参与推动行业数字化转型和全面效能提升。浩华深耕中国市场超过二十年，在超过280个城市和目的地，累计完成了超过2,200个顾问咨询项目，积累了丰富的项目咨询经验。迈入新周期，依托“浩华”“厚海”及“CHAT”三大业务品牌，浩华将覆盖企业发展、目的地及住宿产业的全生命周期业务矩阵，为我们的客户提供从宏观到微观、从战略到落地的专业解决方案。以数据精神、破立自新、长期主义为核心价值观，浩华将以“致力于推动美好生活方式产业持续进化”作为企业发展愿景。

多维度及全生命周期专业解决方案

企业战略	品牌策划	数字化咨询	人力资源咨询	城市更新
TOD综合体	都市目的地	度假目的地	品牌招商	运营审核
市场估值	交易支持	滑雪度假	康养疗愈	长租公寓

三大品牌及业务板块

浩华顾问业务

产业定制化
顾问咨询服务

业务模块

发展战略解决方案
目的地解决方案
酒店解决方案

Horwath HTL 浩华

厚海数据业务

产业信息整合查询及
大数据分析平台

业务模块

产业地图
企业工具
数据报告

厚海 DATA PLATFORM

CHAT品牌业务

品牌塑造、产业资源链接
及整合推广平台

业务模块

品牌塑造
资源链接
平台策划

CHAT

APPENDIX 2 ABOUT HORWATH HTL

Horwath HTL (hereinafter referred to as HHTL), a professional consulting brand with a century-long history, participated in the establishment of the *Uniform Systems of Accounts for Hotels* in the 1950s. In 2003, it officially opened its first office in Beijing in Mainland China. Since 2003, HHTL has collaborated with the China Tourist Hotel Association and jointly published the *China Hotel Industry Study*, which has become an authoritative professional publication for industry benchmarking data. HHTL is committed to leading industry trends and advocating industry reforms from a forward-thinking perspective. It first introduced the concept of "space efficiency" in the industry to promote proper investment, space function planning, and continuous asset management optimization. Meanwhile, it also created two significant index systems, MSI (Market Sentiment Index) and MVI (Market Value Index). In 2022, Horwath HTL officially launched the "HOHI Data Platform" to further build the professional standard and evaluation system for the data of the hotel and tourism industry, while also promoting industry digital transformation and efficiency improvement. HHTL has consulted on more than 2,200 projects in about 280 cities and destinations throughout China over the past 20 years, accumulating extensive project consulting experience. In the new cycle, HHTL will rely on its three primary business brands — Horwath, HOHI, and CHAT to cover the entire life cycle business matrix of the destination and lodging industry, providing professional solutions from macro to micro, from strategy to implementation for clients. As HHTL's development vision, it will "strive to promote the continuous evolution of the good lifestyle industry" by leveraging the essential values of data spirit, innovation, and long-termism.

Multi-dimensional and Full Life Cycle Professional Solutions

Corporate Strategy	Brand Planning	Digital consulting	HR Consulting	Urban Renewal
TOD Complex	Urban Destination	Resort Destination	Brand investment Attraction	Operational Review
Market Valuation	Transaction Support	Ski Resort	Health and Wellness	Long-stay Apartment

Three Major Brands and Business Segments

HHTL Consulting

Customized industry consulting services

Business Modules

Development Strategy Solutions
Destination Solutions
Hotel Solutions

Horwath HTL 浩华

HOHI Data Business

Industrial information integration and big data analysis platform

Business Modules

Industry Map
Corporate Tool
Data Report

厚海 DATA PLATFORM

CHAT Brand Business

Brand Building, Industry Resource Linking and Integrated Promotion Platform

Business Modules

Brand Building
Resources Linking
Platform Planning

CHAT

客房营业收入——本类别包括按半日、全日或更长时间出租客房所得的客房收入。该收入中包含服务费收入，但不包括将服务费用于酒店职工的工资或小费的部分，也不包括计入房费中的营业税。提供饮食、会议服务的公共场所/宴会厅、会议室、商务中心、房内饮品、洗衣等收入均不计入客房营业收入之内。

食品营业收入——本类别包括酒店餐厅、客房送餐、迷你吧、宴会和其他餐饮服务销售食品及非酒精饮品所得的收入。此项数据不含服务费和客人支付给餐厅服务员的小费。

饮品营业收入——本类别包括酒店向顾客销售所有酒精类饮品所得的收入。此项数据不含服务费和客人支付给餐厅服务员的小费。

其他餐饮收入——本类别包括了视听设备租赁、公共场所租赁所得收入、服务费和各色其他收入。该收入中包含餐饮部门的服务费。

其他营运部门营业收入——本类别包括客衣洗涤和干洗及停车场等其他小型营运部门所产生的收入。

杂项收入——本类别包括与第三方相关的收入或不会招致任何直接营运费用的收入。例如，外币兑换产生的利润或损失、商业场地租金和使用权出让费、佣金、顾客取消预订收取的罚金及现金折扣等。

食品营业成本——本类别包括为客人提供食品及非酒精饮品所需成本。此数字按实际记账金额计算。酒店职工膳食成本（在所属部门记账）不构成售出食品成本的一部分。

饮品营业成本——本类别指各种酒精类饮品的成本。此数字按实际记账金额计算，酒店职工饮品成本（在所属部门记账）不构成售出饮品成本的一部分。

其他营运部门销售成本——包括客衣洗涤和干洗、停车场和任何其他小型营运部门所产生的销售成本。

客房部工资及有关开支——本类别包括付给客房部人员（前厅、楼层、布草管理及调配、预订、行李生、门童等）的薪金；其他福利开支包括社会保险、医疗津贴、教育津贴、房屋津贴、有薪假期等员工福利，免费或按明显优惠价提供给职工的货品及服务，以及职工膳食、奖励、社交活动及退休金（若适用）。

餐饮部工资及有关开支——本类别包括付给餐饮部人员（采购、收货、储存、备餐、服务、餐具洁净、收银及监督人员）的薪金；其他福利开支包括社会保险、医疗津贴、教育津贴、房屋津贴、有薪假期等员工福利，免费或按明显优惠价提供给职工的货品及服务，以及职工膳食、奖励、社交活动及退休金（若适用）。

其他营运部门工资及有关开支——本类别包含所有其他营运部门员工的薪水、工资、奖金和相关人工费用。其他营运部门相关人工费用包括工资税、补助性工资（如：假期工资、节日工资、病假工资、搬家费用、带薪假期和解雇费等），以及员工福利支出（如：由雇主支付的健康保险费用、养老金、员工膳食成本等）等。

其他开支——其他开支一词可能会引起混淆。乍眼看来，这词无严格释义，例如，工资及其他开支可解释为工资及营运某项设施所引起之所有额外开支。其实，本词有精确意义，意指营运有关部门所引起的直接部门开支。

客房部其他开支——本类别指不属于客房部工资（按上段定义）的其他开支，如有线/卫星电视、清洁物资、布草、佣金、免费服务和礼品、客用物资、打印设备和文具、常客费用、设备租赁、总部人员住宿补偿等方面的费用。

餐饮部其他开支——本类别包括餐饮部门的非人工支出，包括：瓷器、玻璃器具、清洁用品、装饰品、客房用品、洗熨、织物、音乐及娱乐、菜单及饮品类目录、银器、制服等。

其他营运部门其他开支——本类别包括所有其他营运部门的非人工支出，包括：电话设备租赁、洗涤物资供应等方面的费用。

未分配经营开支——本类别用于：(1) 行政及一般开支；(2) 信息与通信系统开支；(3) 市场及营销开支；(4) 能源成本；(5) 物业营运及保养费。此五项中每一项均可视为一单项。这些开支内容可包括以下方面。

> ***行政及一般开支***——包含行政及后勤部门员工的薪水、工资、奖金和相关人工费用，及此部门的非人工费用，如：银行手续费、商务办公开支、信用卡手续费、法律顾问费用、经营物资供应、顾问费以及许可证照费等。
>
> ***信息与通信系统开支***——包含信息与通信部门的员工薪水、工资、奖金和相关人工费用，及此部门的非人工费用，如：互联网费用、通信费用、系统费用（包括软件许可与维护费、软件服务费、存储费、技术支持费等）。
>
> ***市场及营销开支***——包含销售和市场推广部门员工的薪水、工资、奖金和相关人工费用，及此部门的非人工费用，如：广告、销售、促销、商品推广、公关和市场调研所发生的支出以及适当的差旅与招待费用及物资支出等。
>
> ***能源成本***——包含电力、煤气、燃料、蒸汽、用水等方面的开支和公共事业税等。
>
> ***物业营运及保养费***——包含物业营运及维保部门员工的薪水、工资、奖金和相关人工费用，及此部门的非人工费用，如：维修建筑、机电设备、地板、家具和运营设施、地面和景观照明灯泡、其他机械产品和垃圾清运等发生的成本。

非经营相关收入及支出前收益——在本研究中，非经营相关收入及支出前收益指的是经营毛利减去酒店总管理费用的余额。

Room Revenue - This category includes revenue from guest accommodation rented on a part-day, full-day, or longer period basis. The figures include service charges but exclude hotel accommodation tax and tips given to employees. Revenue from public/function rooms ordinarily used for food and beverage service is not included in room sales.

Food Revenue - This category includes revenue derived from the sale of food and non-alcoholic beverages from restaurants, in-room dining, mini bar, banquets, or catering. The figures exclude service charges and tips given to employees.

Beverage Revenue - This category includes revenue from the sale of alcoholic beverages for consumption by customers. The figures exclude service charges and tips given to employees.

Other Food and Beverage Revenue - This category includes revenues generated from audiovisual equipment rentals, public room rentals, service charges and miscellaneous other revenue. The figures include service charges for the food and beverage department.

Other Operated Departments Revenue - This category includes revenue derived from laundry and dry cleaning, parking garage, etc.

Miscellaneous Income - Revenues related to a third party or revenues that do not incur any direct operating expenses, including foreign currency transaction gains (losses), space, rentals and concessions, commissions, cancelation penalties, cash discounts earned, etc.

Cost of Food Sales -This category includes the cost of food (and non-alcoholic beverages) served to guests in all segments of food revenues.

Cost of Beverage Sales -This category includes the cost of alcoholic beverages served to guests in all segments of beverage revenues.

Cost of Other Operated Departments Sales- This category represents the sales cost derived from laundry and dry cleaning, parking garage and any other minor operated departments.

Rooms Payroll & Related Expenses - This category includes salaries, wages plus service charge percentage (if applicable) paid to personnel of the rooms department (front office, maids, doormen and porters). Also included are the employee benefits such as social insurance, medical allowance, education, housing allowance, vacation and holiday pay, goods and services for employees free of charge or at markedly reduced prices, employees' meals, awards, social activities and pensions, if any.

Food and Beverage Payroll & Related Expenses - This category includes salaries, wages plus service charge percentage (if applicable) paid to personnel in the food and beverage department (purchasing, receiving, storage, preparation, service, dishwashing, cashiers and control). Also included are the employee benefits such as social insurance, medical allowance, education, housing allowance, vacation and holiday pay, goods and services for employees free of charge or at markedly reduced prices, employees' meals, awards, social activities and pensions, if any.

Other Operated Departments Payroll & Related Expenses - This category includes the expenses associated with salaries, wages and bonuses and payroll-related expenses for employees in all other departments. Payroll-related expenses include payroll taxes, supplemental pay (such as vacation pay, holiday pay, sick pay, relocation pay, paid time off and severance pay), and employee benefits (such as employer-paid health insurance expenses, pension contributions, cost of meals furnished to employees, etc.)

Other Expenses - The term "other expenses" can cause confusion. At first glance, it is a loose term - for example, the expression “wages and other expenses" could be interpreted as "wages and all additional expenses incurred in operating a facility". However, its meaning is precise and refers to direct departmental expenses incurred in the operation of a department or service (rooms department, sales office).

Rooms, Other Expenses - This category represents the non-payroll expenses for the room department, including the expenses of reservation expenses, travel agents' commissions, cable/satellite television, cleaning supplies, linen, commissions, complementary services and gifts, guest supplies, printing and stationery, royalty fees, equipment rentals, corporate office reimbursable, etc.

Food & Beverage, Other Expenses - This category includes the non-payroll expenses for the food and beverage department, including china and glassware, cleaning supplies, decorations, guest supplies, music and entertainment, silver and uniforms, etc.

Other Operated Departments, Other Expenses - This category includes the non-payroll expenses for all other operated departments, including telephone equipment rental, laundry supplies, etc.

Undistributed Operating Expenses - This classification is used for the followings five expenses. Each of these can be considered as an individual entity. Some examples of the expenses included are the followings.

Administrative & General expenses - Expenses comprise salaries, wages, bonuses and payroll-related expenses for employees as well as the non-payroll expenses such as cash overages or shortages, commissions on credit cards, collection charges, executive office expenses, general insurance, postal charges, legal expenses, trade association dues, travelling expenses, accountants' and consultants' fees.

Information & Telecommunications Systems expenses - Expenses comprise salaries, wages, bonuses and payroll-related expenses for employees as well as the non-payroll expenses such as the cost of internet services, the cost of calls, system expenses including software licenses and maintenance, software as service fees, hosting storage fees and technical support fees, etc.

Sales & Marketing expenses - Expenses comprise salaries, wages, bonuses and payroll-related expenses for employees as well as the non-payroll expenses such as advertising, sales, promotion, merchandising, public relations and research, plus applicable travel and entertainment expenses and supplies.

Energy costs - Include the cost of electrical power, fuel, steam, water,utility taxes,etc.

Property Operation & Maintenance expenses - Expenses comprise salaries, wages, bonuses and payroll-related expenses for employees as well as the non-payroll expenses such as the cost of repairing buildings, electrical and mechanical equipment and fixtures, floor coverings, furniture, grounds and landscaping plus the cost of electric bulbs, mechanical supplies and removal of waste matter.

Income Before Non-operating Income and Expenses - For the purposes of this study, Income Before Non-operating Income and Expenses is calculated by subtracting total management fees from gross operating profit.

酒店业绩对照自测表
PROPERTY BENCHMARKING WORKSHEET

每日可供出租客房 (A):______________

全年实际入住客房 (B):______________

		2023年业绩 2023 Performance (C)	每一可供出租客房 Per Available Room (C/A)	每一实际入住客房 Per Occupied Room (C/B)	占收入百分比 % of Revenue
部门收入	**Departmental Revenues**				
客房	Rooms				
食品	Food				
饮品	Beverage				
其他餐饮	Other Food & Beverage				
水疗及健身	Spa & Fitness Center				
其他营运部门	Other Operated Depts.				
杂项收入	Miscellaneous Income				
合计	**Total**				
部门支出	**Departmental Expenses**				
客房	Rooms				
餐饮	Food & Beverage				
水疗及健身	Spa & Fitness Center				
其他营运部门	Other Operated Depts.				
杂项收入	Miscellaneous Income				
合计	**Total**				
部门盈利(亏损)	**Departmental Profit (Loss)**				
客房	Rooms				
餐饮	Food & Beverage				
水疗及健身	Spa & Fitness Center				
其他营运部门	Other Operated Depts.				
杂项收入	Miscellaneous Income				
合计	**Total**				
未分配经营开支	**Undistributed Operating Expenses**				
行政及一般开支	Administrative & General				
信息及通信系统	Information & Telecommunications				
市场推广及营销	Marketing				
能源	Energy				
物业营运及保养	Property Operation				
合计	**Total**				
经营毛利	**Gross Operating Profit**				
部门详细业绩	**Departmental Comparison**				
部门：__________	Dept.：______________				
部门直接成本	Direct Cost of Goods				
工资及相关开支	Payroll & Related Exp.				
其他开支	Other Expenses				
部门：__________	Dept.：______________				
部门直接成本	Direct Cost of Goods				
工资及相关开支	Payroll & Related Exp.				
其他开支	Other Expenses				
部门：__________	Dept.：______________				
部门直接成本	Direct Cost of Goods				
工资及相关开支	Payroll & Related Exp.				
其他开支	Other Expenses				
其他比较项目	**Other Line Item Comparison**				

每日可供出租客房：指平均每日所有客房扣除不可供出租的客房数（如装修、维修房等）。

全年实际入住客房：指实际占用的客房间夜数扣除免费馈赠房和总经理用房之后的已出售间夜总数。

酒店开发／改造的理想流程
IDEAL HOTEL DEVELOPMENT PROCESS

01
项目的市场及财务可行性研究
Market & Financial Feasibility Study

02
概念规划
Conceptual Planning

03
鉴定和筛选酒店管理公司
Hotel Management Company Search

04
酒店管理合同谈判
Hotel Management Contract Negotiation

05A
筛选建筑设计师和项目管理团队
Select Architects Designers & Project Management Team

05B
项目资金筹划
Financial Structuring

06
项目建筑设计
Design Development

07
项目建造
Construction

08
酒店开业前筹备
Pre-Opening

09
酒店正式经营
Hotel Operations

10
酒店资产管理
Asset Management

- 业主/开发商 Owner /Developer
- 专业酒店顾问公司 Professional Hotel Consultant
- 酒店管理公司 Hotel Management Company
- 建筑设计公司 Architecture/ Design Firm

浩华管理顾问公司–在中国的项目分布
Horwath HTL - Project Locations in China

浩华管理顾问公司–亚太区办事处
Horwath HTL - Regional Offices

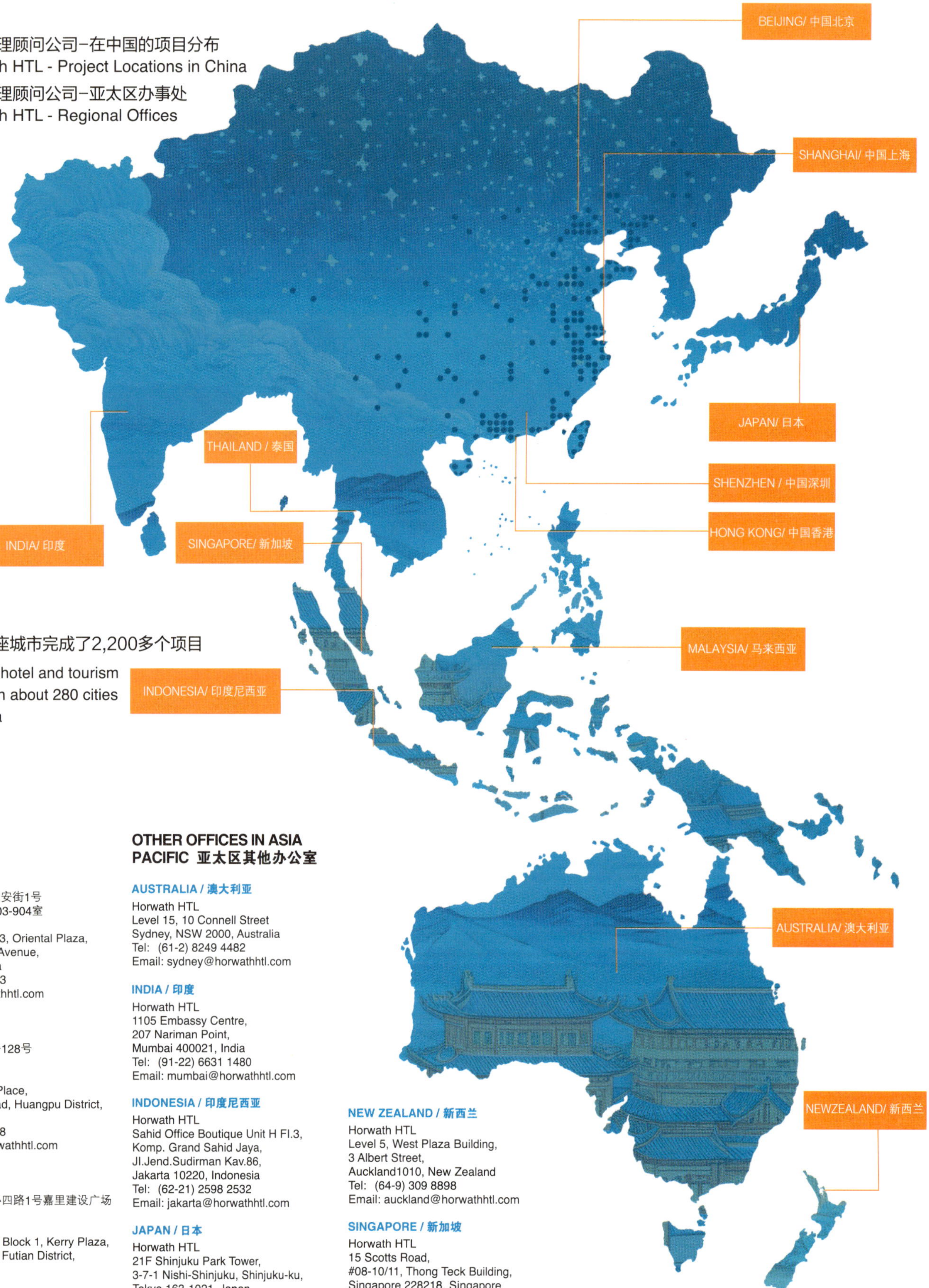

已在中国280多座城市完成了2,200多个项目

More than 2,200 hotel and tourism related projects in about 280 cities throughout China

CHINA / 中国

BEIJING / 北京

浩华管理顾问公司
中国北京市东城区东长安街1号
东方广场东三办公楼903-904室
Horwath HTL
Unit 903-904, Tower E3, Oriental Plaza,
No. 1 East Chang-An Avenue,
Beijing, 100738, China
Tel: (86-10) 8518 1833
Email: beijing@horwathhtl.com

SHANGHAI / 上海

浩华管理顾问公司
上海市黄浦区南京西路128号
永新广场1201室
Horwath HTL
Room 1201, Verdant Place,
128 Nanjing West Road, Huangpu District,
Shanghai, China
Tel: (86-21) 6136 3248
Email: shanghai@horwathhtl.com

SHENZHEN / 深圳

浩华管理顾问公司
中国深圳市福田区中心四路1号嘉里建设广场
1栋3层28-30单元
Horwath HTL
1st Floor, Units 28-30, Block 1, Kerry Plaza,
No. 1 Zhongxin Road, Futian District,
Shenzhen, China
Tel:0755-3285 7550
Email: shenzhen@horwathhtl.com

HONG KONG / 香港

浩华管理顾问公司
香港湾仔港湾道18号中环广场3807室
Horwath HTL
Suite 3807, 38/F Central Plaza
18 Harbour Road, Hong Kong
Tel: (852) 2524 6073
Email: hongkong@horwathhtl.com

OTHER OFFICES IN ASIA PACIFIC 亚太区其他办公室

AUSTRALIA / 澳大利亚

Horwath HTL
Level 15, 10 Connell Street
Sydney, NSW 2000, Australia
Tel: (61-2) 8249 4482
Email: sydney@horwathhtl.com

INDIA / 印度

Horwath HTL
1105 Embassy Centre,
207 Nariman Point,
Mumbai 400021, India
Tel: (91-22) 6631 1480
Email: mumbai@horwathhtl.com

INDONESIA / 印度尼西亚

Horwath HTL
Sahid Office Boutique Unit H Fl.3,
Komp. Grand Sahid Jaya,
Jl.Jend.Sudirman Kav.86,
Jakarta 10220, Indonesia
Tel: (62-21) 2598 2532
Email: jakarta@horwathhtl.com

JAPAN / 日本

Horwath HTL
21F Shinjuku Park Tower,
3-7-1 Nishi-Shinjuku, Shinjuku-ku,
Tokyo 163-1021, Japan
Tel: (81-3) 6911 2030
Email: tokyo@horwathhtl.com

MALAYSIA / 马来西亚

Horwath HTL
CEO Suite Level 36,
Menara Maxis, KLCC,
Kuala Lumpur, 50088, Malaysia
Tel: (60-3) 2615 0122
Email: kl@horwathhtl.com

NEW ZEALAND / 新西兰

Horwath HTL
Level 5, West Plaza Building,
3 Albert Street,
Auckland1010, New Zealand
Tel: (64-9) 309 8898
Email: auckland@horwathhtl.com

SINGAPORE / 新加坡

Horwath HTL
15 Scotts Road,
#08-10/11, Thong Teck Building,
Singapore 228218, Singapore
Tel: (65) 6735 1886
Email: singapore@horwathhtl.com

THAILAND / 泰国

Horwath HTL - Health & Wellness
37/10 Soi Langsuan,
Phloen Chit Road Lumpini,
Pathumwan Bangkok 10330, Thailand
Tel: (66) 2252 6281
Email: mbrennan@horwathhtl.com

责任编辑：张　旭
美术设计：陈　芒
后期制作：杨亚莉

图书在版编目（CIP）数据

2024中国饭店业务统计 ：汉英对照 / 中国旅游饭店业协会，浩华管理顾问公司编. -- 北京 ：中国旅游出版社，2024. 8. -- ISBN 978-7-5032-7400-8

Ⅰ. F719.2-66

中国国家版本馆CIP数据核字第2024LC0001号

书　名：2024 中国饭店业务统计

作　者：中国旅游饭店业协会　浩华管理顾问公司　编
出版发行：中国旅游出版社
（北京静安东里6号　　邮编：100028）
http://www.cttp.net.cn　　E-mail:cttp@mct.gov.cn
营销中心电话：010-57377103，010-57377106
读者服务部电话：010-57377107
印　刷：北京市青云兴业印刷有限公司
版　次：2024年8月第1版　2024年8月第1次印刷
开　本：889毫米×1194毫米　1/16
印　张：3.75
印　数：4200册
字　数：150千字
定　价：500.00元
ISBN　978-7-5032-7400-8

2003
2004
2005
2006
2007
2003 — 2007 五年合集
2012
2011
2010
2009
2008
2003 — 2012 十年合集
2013
2014
2015
2016
2017
2022
2021
2020
2019
2018
2023年
2024年